존엄, 자유, 평등, 연대로 만나는
인권 교과서

존엄, 자유, 평등, 연대로 만나는
인권 교과서

국가인권위원회 기획 | 류은숙 지음 | 김소희 그림

낮은산

차례

평등

연대

모두가 자기답게 살 수 있기 위한 약속

나는 누구일까요?

누군가의 가족, 누군가의 친구, 누군가의 이웃, 어떤 국가의 시민?

어떤 종교의 신자, 팬클럽의 일원, 온라인 커뮤니티의 멤버?

다양하게 답할 수 있겠지요. 그런데 이 답들의 공통점은 모두 타자와의 '관계'에 있습니다.

내가 누구인지 답하려면 나를 둘러싼 사람들을 떠올리지 않을 수 없고, 내가 속한 집단이나 사회를 생각하지 않을 수 없습니다.

그렇다면, 인권의 관점에서 나는 누구일까요?

다른 어떤 관계나 소속을 따지기에 앞서 나는 인류의 구성원입니다. 이걸 알고 느끼는 사람과 그렇지 않은 사람 간의 차이는 큽니다.

내가 인류의 구성원이라는 건, 다른 모든 이가 나를 동등한 인간으로 인정하고 인간답게 대우해야 한다는 의미입니다. 내가 나답게 살 수 있는 건 홀로 되는 일이 아니라, 다른 이들이 나를 인정하고 존중하는 관계 속에서 가능합니다. 나 또한 다른 모든 이들에게 마찬가지의 인정과 존중을 표시할 책임이 있습니다.

어디에서, 어떤 모습으로 살아가든 인간은 모두 존엄합니다. 누구나 소중한 존재이기에 자기다운 삶을 추구할 자유가 있습니다. 아울러 누구나 자기 삶의 주인으로서 동등하게 대우받아야 할 평등이 있습니다. 내가 고통스러울 때 다른 사람이 내게 관심을 기울이고 위로해 주기를 바랍니다. 나 또한 다른 사람에게 그렇게 하고 싶습니다. 나의 자유가 타자에게 상처를 준다면 내 자유에 대해 반성해 볼 것이고, 타자 또한 그러기를 바랍니다. 우리는 평등한 사람으로서 각자 자기답게 살 수 있도록 서로 도와야 할 책임이 있습니다. 그걸 연대라 합니다.

인권은 각종 경계를 넘어 모든 사람이 동등한 인정과 존중의 토대 위에서 자기답게 살 수 있기 위한 약속입니다. 일부 사람만의 약속이 아니라 인류 모든 구성원의 약속입니다. 이 약속은 존엄, 자유, 평등, 연대의 책임을 다할 때 지킬 수 있습니다.
이 약속에 같이 손가락 걸며 동참해 볼까요?

존엄

존엄성은 모든 사람의 공통된 지위입니다.
이 지위에는 높고 낮음이 없습니다. 존엄성은 모든 사람에게
주어지는 입장권 같은 것입니다. 누구든지 이 사회 속에
참여할 권리가 있다는 걸 인정하는 것입니다.

누명을 쓰고 감옥에 오게 된 앤디.

잘나가는 은행원이었다며?

하루하루가 고통스러웠지만, 야외 노동을 하던 어느 날

퍽

여기선 소변도 허락받고 보는 거야!

교도관들의 재산 관리 상담을 해 주게 되죠.

상속을 받았는데 다 세금으로 내게 생겼어!

제가 도와드릴 수 있어요.

다 처리해 놓았으니 이대로만 하시면 됩니다.

좋아!

도서관을 확장하고 음악을 듣고 싶어요.

쉽지 않을 거야.

희망은 위험한 거야.

하지만 앤디는 결국 교도소에 도서관을 만들었고, 음악이 울려 퍼지게 만들죠.

피가로 피가로

음악은… 희망은, 좋은 거야.

씨익

영화 <쇼생크 탈출>(1995년 개봉)을 참고하여 구성

어느 누구에게서도 빼앗을 수 없는 것

오래된 영화라 여러분은 못 봤을지도 모르지만 〈쇼생크 탈출〉은 감옥을 배경으로 한 유명한 작품입니다. 아내를 죽였다는 누명을 쓴 주인공 앤디가 감옥에서 고통받는 이야기인데, 앤디는 괴롭힘과 폭력에 굴하지 않고 끝내 자신의 인간성을 지킵니다. 앤디는 교도소장의 보복을 두려워하지 않고 음악을 틀어 감옥 곳곳으로 울려 퍼지게 합니다. 감옥 안 죄수들이 운동장 스피커를 향해 멈춰 선 채 모차르트의 〈피가로의 결혼〉 이중창에 넋 놓고 빠져드는 장면은 이 영화에서 가장 인상적인 장면으로 꼽히지요. "음악은 아름다운 것이야. 누구도 그것을 빼앗을 수는 없어"라는 잘 알려진 대사에서 '음악'은 앤디의 인간성, 다른 말로 존엄성이라 할 수 있습니다.

이 영화뿐 아니라 감옥을 배경으로 한 대부분의 영화나 드라마에서는 주인공을 괴롭히는 무리가 등장합니다. 주인공이 무슨 구체적인 잘못을 저질렀느냐는 문제가 되지 않습니다. 괴롭히는 쪽이 문제 삼는 것은 단 한 가지. 자기에게 '숙이지 않는다', '복종하지 않는다', '쩔쩔매지 않는다'는 것일 뿐이니까요. 상대방이 조아리는 태도를 보이지 않는 것을 면이 서지 않는 일, 즉, 자기 체면이 깎이는 일로 여기고 괴롭히는 것입니다.

감옥을 우리 생활의 주요 장소들로 옮겨도 크게 다르지 않습니다. 집, 학교, 학원, 거리, 어디에서건 괴롭힘과 폭력을 가하는 사람들이 있습니다. 무시당하고 체면이 깎일까 봐 남에게 폭력을 행하는 사람들 말이지요. 나를 무시하면 가만두지 않겠다는 폭력은 다른 사람을 깔보고 조롱하고 비하하는 말과 행동으로 나타나곤 합니다.

'자존심을 세우려고 센 척한다.', '약해 보이지 않으려고 거칠게 군다.' 여러분도 그래 본 적 있거나 그렇게 구는 또래나 어른들을 겪어 본 적이 있을 거예요. 그럴 때 센 척하는 '자존심'은 과연 자기를 존중하는 마음일까요? 물론 자기를 존중하는 마음은 중요합니다. 스스로를 하찮게 여기는 사람은 자기의 존엄성뿐만 아니라 다른 사람의 존엄성을 존중하리라 기대하기 어렵지요. 그럼 존엄성과 소위 '존심 세우기'를 구별하는 것부터 시작해 볼까요.

다시 〈쇼생크 탈출〉의 주인공 앤디로 되돌아가 봅시다. 앤디는 혼자서 음악을 감상하는 것에 그치지 않고, 감옥 안 모든 사람에게 음악을 선물합니다. 교도소에 있는 사람들은 그 음악에 빠져듭니다. 짧은 순간이지만, 음악을 함께 듣는 동안 그곳에 있는 모두가 같은 인간이 됩니다. 빼앗을 수 없는, 또 빼앗길 수 없는 그 무엇을 지닌 존재들로서 음악과 함께 머무릅니다.

죄수이건 교도관이건 '빼앗을 수 없는 그 무엇'을 지닌 존재들이라 할 때, 어떤 상황에서도 인간에게서 빼앗을 수 없는 그 무엇이 바로 존엄성입니다. 여러분 한 사람 한 사람은 그 무엇과도 비교 불가능하고 대체 불가능한 유일무이한 존재랍니다. 이 우주가 생겨난 이래 나와 같은 사람은 없었고 앞으로도 영원히 그럴 것입니다. 그래서 한 사람이 이 세상에 태어날 때마다 '새로운 세계'가 생기는 것이라고 말합니다. 누군가 이 세상을 떠나면 '하나의 세계'가 사라졌다고 표현하고요. 그런데 나만 그런 존재인 것이 아니라 다른 사람들도 마찬가지로 대체 불가능한 고유한 존재입니다. 이런 점에서 존엄성은 모든 인간의 권리인 인권의 근거가 됩니다.

존엄성에 대한 생각의 변화

인류가 처음부터 존엄성을 지금처럼 평등하게 생각한 것은 아니랍니다. 인류 역사 대부분은 신분제 사회였습니다. 여러분이 즐겨 보는 사극에서는 사람의 신분이 왕족, 귀족, 평민, 노예나 노비 등으로 날 때부터 정해져 있습니다. 이런 사회에서 존엄성은 모든 사람의 것이 아니라 높은 신분에 속하는 사람들만의 것입니다. 고귀한 신분의 사람이 누리는 지위, 명망, 명예 같은 것을 존엄이라 말하는 것이지요. 이럴 때 존엄은 서로 비교해서 정해지는 것입니다. 신분이 높은 귀족도 자기보다 지위가 더 높은 왕 앞에서는 덜 존엄한 존재인 셈입니다. 서로의 힘을 늘 비교하고 평가해서 존엄함이 그때그때 바뀌는 것이지요. 그런 소수의 고귀한 사람들의 존엄한 삶을 지탱하기 위해서는 땀 흘려 일하는 사람들이 필요했습니다. 집안일하고 농사짓고 물건을 만드는 사람들이 아주 많이 필요했지요. 하지만 그런 사람들은 존엄을 논할 수 없었습니다. 특히 자유가 없는 노예들은 아예 인간으로 인정하지도 않고, '말할 줄 아는 짐승'이라 여겼지요.

피라미드를 잘 알고 있지요? 아래가 넓고 위로 갈수록 좁아지는 사각뿔 말이에요. 피라미드처럼 구성된 사회에서 존엄성은 신분 질서를 유지하는 구실일 뿐입니다. 굳이 일일이 지시하지 않더라도 신분 질서에 따라 모든 구성원이 고분고분하게 제 할 일에 충실하면 사회는 별 탈 없이 굴러갔습니다.

하지만 어느 날, 사람들은 질문을 던지기 시작했습니다.

"왜 우리는 늘 이렇게 고생만 하면서 살아야 하지? 나도 인간답게 살아 보고 싶고 내 뜻대로 내 삶을 살아 보고 싶은데. 이 사회 질서는 너무 불합리하고 답답해. 왜 우리 노동 덕분에 살아갈 수 있는 사람들만이 존귀하다는 거지? 나 또한 귀하디귀한 사람인데 말이야."

이런 의문을 품은 사람들이 한둘이 아니라 여럿이 되면서 변화를 위한 도전이 거세게 일어났습니다. 피라미드 구조에 도전한 이 거대한 흐름을 서구 사회에서는 '시민혁명' 다른 말로는 '인권혁명'이라 했습니다. 인권혁명에 나선 사람들은 "모든 사람은 자유롭게 태어났다. 그러니까 모든 사람의 가치는 동등하다"고 외쳤습니다.

달라진 존엄성에 따르면, 사람은 어떻게 태어나 어느 곳에서 살아가든지 동등한 가치를 갖습니다. 정해진 신분대로 평생을 살아야 하는 것이 아니라 스스로 자기 삶의 목적을 정할 수 있습니다. 남이 정해 놓은 목적을 위한 도구나 수단으로 이용되는 게 아니라 인생의 목적을 스스로 정하고 자기 삶의 각본을 써 나갈 수 있습니다. 왜? 인간에게는 이성이 있기 때문입니다. 이성을 가진 인간은 옳고 그름을 판단할 수 있으며, 자율적이고 합리적인 생각과 행위의 주체가 될 수 있습니다. 이성을 지녔기에 인간은 존엄합니다.

당시의 철학자들은 이렇게 존엄성을 설명했습니다. 존엄성에 대한 생각이 바뀌면서 사람들은 신분 질서 속에서 권력자의 뜻대로 살아가는 삶을 벗어나 스스로 자기 삶을 개척할 수 있게 되었습니다.

존엄성을 해친 비극

하지만 신분 제도가 사라졌다고 끝은 아니었습니다. 타자의 존엄성을 자신의 존엄성과 마찬가지로 귀하게 여기지 않는 사람들이 새로운 지배 세력이 됐기 때문이지요. 지배 세력은 부유하고 건강한 비장애인 백인 남성의 얼굴을 하고 있었습니다. 이들은 인권혁명의 가치를 저버리고, 자기들에게 유리한 대로 다른 사람들을 수단으로 이용했습니다. 그 구실로 댄 것이 또한 '이성'이었습니다. 자기들은 온전한 이성을 갖고 있지만, 자기와 다른 존재들은 이성이 없거나 모자라다고 주장했습니다. 가령 여성이나 어린이는 이성이 모자라며, 장애인은 이성이 없다시피 하다고 주장하면서 이들을 '덜-인간' 혹은 '비-인간'으로 취급했습니다. 노동자들을 예전의 노예처럼 부려 먹었습니다. 아시아나 아프리카에 쳐들어가 원주민들을 학살하고 노예로 삼았습니다. 이성이 없는 야만인들은 존엄한 인간이 아니므로 동등하게 인권을 존중할 이유가 없다고 우겼습니다. 그러한 존엄성의 무시는 결국 인류 전체에 큰 해악을 몰고 왔습니다. 강대국들이 식민지를 둘러싸고 벌인 쟁탈전의 결과, 두 차례의 세계 대전과 인간성을 해치는 극단적 범죄가 나타났지요.

전쟁과 인권 침해는 어린이와 청소년 또한 비껴가지 않았습니다. 수많은 어린이가 굶주리고 노동에 시달렸습니다. 그중에서 최악은 아주 어린 아이들조차 학살의 대상이 된 것이었습니다.

야누슈 코르착은 의사이자 아동문학가였습니다. 아동 인권 운동가이기도 했던 코르착은 폴란드에서 유대인 출신 고아들과 함께 살고 있었습니다. 코르착은 아이들을 동등한 존엄성을 지닌 존재로 대해야 한다고 강조했습니다.

"어린이는 인간이 되는 과정이 아니라 이미 하나의 인간입니다."

그런데 폴란드가 나치가 지배하는 독일의 침공을 받게 되었습니다. 히틀러를 우두머리로 하는 '나치'는 순수하고 뛰어난 인종만을 독일인으로 인정해야 한다는 사상을 가진 세력이었습니다. 그래서 오랫동안 같은 독일인으로 살아왔는데도 혈통의 순수함과 유전적 우수성이라는 기준에 미치지 못하는 사람들을 구별하여 제거하려 했습니다. 유대인, 장애인, 회복 불가능한 질병을 앓는 노약자, 성소수자 등이 그 표적이었지요. 처음에는 시민권을 빼앗고, 직업과 재산을 박탈하고, 살던 동네에서 쫓아내 특정 구

EBS 동영상 <야누슈 코르착>을 참고하여 구성

역에서만 살게 했습니다. 하지만 탄압의 강도는 점점 세져서 급기야 학살 수용소를 짓고 그리로 보내서 무참히 살해했습니다. 유럽 전 지역에서 대상자를 색출해 기차에 태워 수용소로 수송했습니다. 나치는 자신들이 점령한 지역 곳곳에 학살 수용소를 세웠는데, 아우슈비츠 수용소는 집단 학살의 증거가 남아 가장 잘 알려졌지요.

코르착과 아이들에게도 위기가 닥쳤습니다. 나치는 아이들을 내놓으라 했습니다. 코르착을 아끼는 사람들은 '당신이라도 살아남아서 나중을 도모해야 한다'고 도망칠 길을 마련해 주었습니다. 하지만 코르착은 아이들만 내버려 둘 수 없다고 거절했지요. 코르착은 아이들과 함께 수용소로 행진했습니다. 아이들에게 가장 좋은 옷을 입힌 뒤 각자 좋아하는 인형과 악기를 들게 하고 함께 가스실로 행진한 뒤 최후를 맞이합니다. 코르착과 아이들의 희생과 비극을 교훈 삼아 훗날 폴란드 정부는 아동 인권에 관한 국제조약을 만들자고 제안했고, 이것이 오늘날 '유엔아동권리협약'입니다.

세계인권선언과 존엄성

코르착과 아이들의 비극을 겪은 사람들은 반성과 참회를 시작했습니다. 피라미드 세계관, 이성을 권리의 자격으로 삼았던 과거를 뼈저리게 후회하면서, 인류는 존엄성을 다시금 확인할 필요를 느끼게 되었지요. 제2차 세계대전이 끝나자마자 가장 먼저 시작한 작업이 인간의 존엄성을 확인하고 존중할 것을 약속하는 일이었습니다. 그 결과가 '세계인권선언'입니다.

하지만 세계인권선언을 만드는 과정은 쉽지 않았지요. 여러 대륙과 문화권을 대표하여 모인 사람들은 국적, 인종, 언어, 정치, 경제, 역사, 종교 등 모든 게 달라도 너무 달랐으니까요. 서로가 믿는 신의 이름이 다르고, 이성이니 뭐니 인간의 특질로 꼽는 것도 달랐습니다. 저마다 중요시하는 인간의 특성을 내세우는 것 자체가 또 다른 배제와 폭력을 낳을 수 있었지요.

그래서 머리를 맞댄 끝에 내린 결론은 이것이었습니다.

"어떤 조건과 상황에서도 변하지 않는 공통점은 우리가 모두 '인간'이라는 사실이다. 어느 곳에서 어떤 방식으로 살아가더라도 우리 모두가 동등한 가치를 지닌 사람이라는 걸 인정하고 서로를 존엄하게 대하자는 실천을 약속하자."

세계인권선언으로 우리 인간끼리 약속하고 맹세하기로 합니다. 우리가 동등하고 같은 사람이라고 서로 인정하는 것으로 충분하다고 말이에요. 국적과 인종과 언어와 종교가 달라도, 어떤 사회에서나 사람을 귀하게 대하자는 생각과 태도는 발견할 수 있으니까요.

문제는 실천입니다. 인간이 어떤 본질이나 본성을 가지고 있다고 왈가왈부하지 말고 서로를 존엄하게 대하자는 약속을 실천하는 것이 중요합니다. 그리고 이 실천의 상은 모호하지 않습니다. 인류가 방금 겪은 전쟁의 참상 속에서 우리는 똑똑히 보았습니다. 인간을 덜-인간, 비-인간으로 분류하고, 그걸 이루기 위해 법을 동원하고, 과학기술을 함부로 쓴 결과가 끔찍한 파괴와 살인이었다는 것을 전 세계가 목격했습니다. 인간의 존엄성을 파괴하는 것이 어떤 결과를 낳는지 보여 주는 증거는 차고 넘칩니다.

그렇다고 인간의 사악함을 증명하는 아픈 경험만 남은 것은 아닙니다. 참상 속에서도 인간성을 지키려고 애쓴 존엄의 몸짓들이 있었습니다. 쫓기는 사람을 숨겨 준 사람들, 위험을 무릅쓰고 부당한 명령을 거부한 사람들, 코르착과 아이들 같은 사람들이 있었습니다.

한반도에 살았던 옛사람들에게는 '인내천'이라는 인간 존엄 사상이 있었고, 다른 사회들도 저마다 비슷한 존엄의 뿌리를 갖고 있습니다. 그러니 특정 사회나 문화의 것을 존엄의 기준으로 채택하는 대신, 아무리 다르더라도 포개지는 공통점이 있다는 사실에 희망을 품습니다. 인간 존엄성을 말할 수 있는 근거는 모자란게 아니라 오히려 너무 많습니다. 문제는 현 인류의 배반적 행위이고, 우리에게 필요한 것은 그 잘못을 바로잡을 실천입니다.

오랜 고민 끝에 탄생하여 1948년 12월 10일 유엔 총회에서 채택한 세계인권선언은 다음과 같은 말로 시작합니다.

"우리가 인류 가족의 모든 구성원이 지닌 타고난 존엄성을 인정하고, 그들에게 남과 똑같은 권리 그리고 빼앗을 수 없는 권리가 있다는 사실을 인정할 때, 자유롭고 정의롭고 평화로운 세상의 토대가 마련될 것이다."

지금처럼 모든 인간이 평등하다는 생각이 자리 잡기까지는 오랜 시간이 걸렸어요.

흠, 그래?

내가 너보다 더 존엄한 존재야.

...

아이고, 아닙니다요. 왕께 비하면 전 미천한 존재죠.

우린 인간도 아냐.

....

인권혁명이 일어나면서 "사람은 모두 동등하게 귀하다"고 주장하게 되었어요.

신분 제도

하지만 새로운 지배 세력이 등장합니다.

이성

인간의 존엄은 '이성'에서 나온다!

저들은 이성이 없어!

열등한 것들은 쓸어 버려!

인류 역사상 가장 끔찍한 전쟁을 겪고 나서야 인류는 존엄성을 다시 생각하게 되었지요.

인종, 국가, 언어, 정치, 종교…

뭐 하나 같은 게 없군.

변하지 않는 단 하나의 공통점이 있잖아요!

우리 모두가 인간이라는 사실 말이에요!

이렇게 존엄성은 인간이라면 누구나 타고 나는 권리로 자리 잡게 되었어요.

우리는 약하니까 존엄하다

"나는 필수적이다(I am essential)."

미국의 공공기관 노동자, 간호사, 돌봄 노동자, 학교 노동자 등이 자기 얼굴과 사연을 담아 SNS에서 캠페인을 벌일 때의 구호입니다.

2020년부터 인류는 코로나19라는 전 세계적 감염병을 겪었습니다. 여러분도 '거리 두기' 때문에 학교에 가지 못하거나 도서관, 운동 시설, 공원 등을 이용하는 데 불편을 겪기도 했을 거예요. 코로나가 심각할 땐 다들 고통스러웠지만, 특히 더 곤란을 겪은 사람들이 있었습니다. 사회적 약자들이지요. 장애가 있는 사람이나 아픈 사람들은 사회적 서비스가 단절되어 죽음과 삶을 오가는 위기를 겪기도 했습니다. 자기 자신을 보살피는 것만도 힘든데, 돌봐야 할 어린 자녀나 노부모가 있는 사람들은 더욱 힘들었지요. 평소에 조금이나마 손을 빌릴 수 있던 사회복지서비스나 공공시설이 문을 닫으면서 돌봄을 오로지 가정에서 전적으로 책임져야 했기 때문이에요.

일부 사람들은 집에서도 일을 계속할 수 있었지만, 대부분은 생계비를 벌기 위해 위험을 무릅쓰고 밖에 나가 일해야 했습니다. 그런 사람들 가운데서도 특히 절대로 일터를 떠날 수 없는 사람들이 있었습니다. '필수노동자'라고 불리는 사람들이지요. 반드시 있어야 하는 존재라는 뜻이지요.

여러분이 집에서 흔히 시키는 음식이나 필요한 물건을 배달해 주는 분들, 코로나 검사를 하고 예방접종을 하는 분들, 청소하는 분들, 치료와 간병을 하는 분들, 아동과 청소년을 보살피는 분들, 이런저런 일이 잘 돌아가도록 기획하고 조정하는 공무원분들, 전기와 가스, 도로, 교통 등이 문제없이 운영되도록 살피는 분들. 이런 분들을 가리키는 말이 '필수노동자'입니다. 필수노동자에는 상당수 청소년 노동자도 포함되어 있습니다.

필수노동자의 존재에서 알 수 있는 것은 사람은 결코 혼자 힘으로는 살아갈 수 없다는 사실이에요. 아침에 눈떠서 밤에 잠들 때까지, 태어나서 죽을 때까지, 우리는 모두 누군가의 손길과 노동에 기대어 살아갑니다. 생의 단 한 순간도 타인에게 의존하지 않고는 버틸 수 없는 것이 인간 존재입니다.

그렇다면 의존을 수치스럽거나 나쁘다고 말할 수 있을까요? 누군가에게 기대어 살 수밖에 없는 것이 인간이라면, 오히려 '나는 나 혼자 힘으로 산다'고 큰소리치는 것이 거짓말 아닐까요?

세상이 지옥이 되지 않으려면

2020년에 큰 인기를 끌었던 드라마 〈사이코지만 괜찮아〉에는 이런 대사가 나옵니다.

"인간은 너무 약해. 그래서 아픈 거야."

"아니, 약하니까 같이 있는 거야. 이렇게 서로 기대 사는 게 인간이야."

앞의 대사는 드라마 속 악인이 하는 말입니다. 드라마의 배경은 정신병원인데, 이런저런 상처를 받아 마음이 아픈 사람들이 등장합니다. 악인은 그런 사람들을 비웃으면서 '약해 빠져서 저 모양이야'라고 비난하는 것입니다.

반면, 그 말을 받는 사람은 정신병원의 원장 선생님인데, 사람 인(人) 자를 손으로 만들어 보이며, "이렇게 기대 사는 거야"라고 말합니다.

드라마 속 원장 선생님 말처럼, 서로의 약함을 알기에 서로를 지켜 주기 위해 인류가 생각해 낸 것이 '존엄성'이랍니다. 존엄은 인간이 이 우주의 다른 존재보다 더 위대하거나 뛰어나다는 의미가 아니에요. 어떤 인간이 다른 인간과 비교하여 더 잘났다는 의미도 아닙니다. 자기 힘으로 혼자 살아가고 있다고 착각하는 사람은 자기 기준에서 보기에 더 의존적인 사람을 무시하기 쉽지요. 이런 사람이 많아지면 취약한 인간은 더욱 취약해지고 살아가기 힘들어집니다. 정도의 차이가 있을 뿐 인간은 누구나 기대어 살 수밖에 없습니다. 이 점을 깨달은 인간들은 함께 살기 위해 '존엄성'을 생각해 냈습니다. 만약 존엄성을 서로 인정하지 않는다면, 인간의 삶 자체가 성립 불가능할뿐더러 우리가 사는 세상은 약한 상대를 함부로 대하고 괴롭히는 지옥이 될 거예요.

우리가 인간답게 살아가기 위해 존엄성이 필수적인 데는 두 가지 이유가 있습니다.

첫째, 모든 사람이 보편적으로 취약하다는 점입니다. 다른 동물들은 태어나서 얼마 후 곧 제 발로 서고 뛰고 먹을 것을 사냥할 수 있지요. 하지만 인간은 태어나서 성장하는 데 아주 오랜 시간이 걸립니다. 서로의 차이에 따라 필요한 보살핌의 정도는 다르지만, 평생에 걸쳐 타자에 의존합니다. 누군가 보살펴야 존엄하게 생을 살다가 존엄하게 마칠 수 있습니다. 따라서 요람에서 무덤까지 타자에 대한 의존은 선택이 아닌 필수입니다.

두 번째로 생각해 볼 취약성이 더 중요합니다. 사람은 다른 사람에게 의존하고 돌봄을 받을 수 있는 한편, 상처와 괴롭힘을 받을 수도 있습니다. 나를 가장 아껴야 할 사람이 나를 학대할 수도 존엄성은 인간의 뛰어남 때문에 주어진 게 아니에요.

인간은 평생에 걸쳐 다른 사람에게 의존하며 살아가요.

하지만 보편적인 취약성보다 더 중요한 건
살아가면서 겪는 취약성이에요.

이런 일을 막기 위해 만들어진
안전장치가 인권이지요.

있습니다. 가까운 가족이나 친구 관계에서 상처 주고 학대하는 일은 불행하게도 흔히 일어나고 있지요. 가까운 관계에서만이 아니라 더 넓은 사회적 관계에서도 그런 일이 자주 벌어집니다. 학교에서, 직장에서, 동네에서, 국가에서, 나아가 국제사회에서도 그렇습니다. 외모와 피부색 때문에 놀림을 받을 수 있고, 국적 때문에 차별받을 수도 있습니다. 성별에 따라 하고 싶은 일에 제한을 받을 수 있고, 누굴 좋아한다는 것 때문에 손가락질받을 수도 있습니다. 침략을 받아 전쟁에 휘말리고 원치 않게 피난민이 될 수 있습니다. 사회적 시설이 불평등하게 만들어져서 접근하기 더 힘들거나, 돈을 더 많이 써야 이동하거나 병원에 갈 수 있기도 하지요. 가뭄, 홍수, 지진, 산불 등 자연재해에서 대도시보다 더 취약할 수 있음에도 대도시가 아니라고 관심을 적게 가져서 필수적인 지원이 부족할 수도 있습니다. 모든 인간이 타자에게 의존할 수밖에 없는데, 존엄성을 존중하지 않는 비뚤어진 사회적 관계, 정의롭지 못한 법과 제도 때문에 더 취약해지기도 하는 것입니다.

인간의 취약성을 세심하게 돌보는 관계와 제도도 있지만, 제대로 보호하거나 지원하지도 않으면서 상처 주고 괴롭히는 관계와 무시와 모욕을 안겨 주는 제도도 있습니다. 이처럼 관계와 제도의 정반대되는 면에서 우리는 어느 쪽에 더 힘을 실어야 할까요?

존엄성은 인권의 토대

'모든 사람은 약하니까 상호 의존한다'라는 첫 번째 취약성에 대해서는 대부분 사람이 인정합니다. 그런데 두 번째 취약성에 대해서는 '나 몰라라' 할 때가 많습니다. 인권의 위기는 보통 두 번째 경우에 생깁니다. 그래서 인간은 존엄성을 지킬 수 있는 장치를 만들었습니다. 바로 인권이지요. 사회 속에서 살아갈 수밖에 없는 인간이 사회적 관계와 법적·제도적 미비와 차별 때문에 존엄성을 침해당하지 않도록 지켜야 할 규범을 만든 거예요. 모든 인간이 존엄하게 대우받을 수 있도록 인권이라는 안전장치를 만든 것이지요. 인권은 존엄성에서 나온 것이기에 존엄성을 인권의 토대라고 합니다.

존엄성은 여러 권리 가운데 하나인 것이 아니라 모든 권리의 기초가 됩니다. 그러므로 어떤 권리를 얻는 대가로 존엄성을 내준다는 식의 거래는 성립 불가능합니다.

펌프는 땅속에서 물을 끌어 올리는 장치인데, 이 펌프가 작동하려면 물 한 바가지를 먼저 부어 주어야 합니다. 이 첫 한 바가지 물을 '마중물'이라고 하지요. 땅속에서 끌어 올려지는 물이 다양한 권리들이라고 한다면, 존엄성은 모든 인권의 마중물이라고 할 수 있습니다. 어떤 사회적 관계와 제도가 새로운 변화를 담지 못한다면, 고치고 새로 만들어야 합니다. 인권도 지속적으로 재창조돼야 합니다. 이때 우리가 변화의 방향을 제대로 잡고 있는지를 알려 주는 것이 존엄성입니다.

존엄성을 토대로 우리는 법과 제도가 보장하는 권리만 누리는 것이 아니랍니다. 지금은 권리가 아닌 것도 존엄성이라는 마중물을 부어 길어 올리면, 새로운 권리로 탄생할 수 있습니다. 인권을 나아가게 하는 마중물의 힘이 인간 모두의 공통된 존엄성에 있는 셈이지요.

평가보다 존중이 먼저

인간 사회의 유형이 저마다 다르듯이, 불평등의 유형도 저마다 다릅니다. 피라미드 사회니, 사다리 사회니 하는 것들은 불평등한 사회를 묘사하기 위해 사람들이 만들어 낸 비유이지요. 피라미드 사회의 꼭짓점에는 특권을 누리는 사람들이, 아래로 갈수록 권리는 없고 의무만 많은 사람이 자리합니다. 사다리 사회는 어떤 사회일까요? 아래에서부터 경쟁하여 사다리를 타고 올라가듯 더 높이 앞다퉈 올라가는 사회의 모습이지요. 누가 밑에서 따라붙으면 걷어차기도 하고, 위쪽에 있는 사람의 다리를 붙들고 못 올라가게 방해하면서 내가 한 칸이라도 더 올라가려고 경쟁하는 사회입니다. 미끄럼틀 사회는 감이 오나요? 힘들게 올라가다가 잘못해서 미끄러지면 단번에 추락하고 마는 사회입니다. 한번 실패하면 주변에서 붙들어 주거나 도와주는 사람 없이 그대로 '끝'이 되는 사회이지요.

그렇다면 이런 유형의 사회와 다른 모습의 사회는 어떤 모습일까요? 존엄성을 존중하고, 취약한 사람을 더 세심하게 보살피는 사회일 테지요.

그런 사회에서는 평가에 앞서 존중이 있습니다. 우리는 열심히 노력하여 메달을 따거나 좋은 성적을 내는 사람을 칭찬합니다.

자신의 조건을 극복하고 뛰어난 성취를 해내는 사람을 격려합니다. 현재의 자신보다 더 나아지려고 노력하고 정정당당하게 겨뤄서 목표한 것을 이루는 것에는 잘못이 없습니다. 문제는 '평가'할 것과 무조건 '존중'해야 할 것을 구분하지 못하는 데에 있지요.

존엄성은 모든 사람의 공통된 지위입니다. 이 지위에는 높고 낮음이 없습니다. 그러므로 존엄성은 평가의 대상이 아니라 무조건적인 존중의 대상입니다. 그런데 어떤 이들은 존엄성마저도 평가하려 듭니다. 잘난 사람, 못난 사람 또는 마음에 드는 사람, 꺼리는 사람을 비교하고 구분하여 더 존중하고 덜 존중하려 합니다. 분명히 기억해야 할 것은 존엄성에 관한 한 모든 인간은 호불호의 대상이 될 수 없다는 것입니다. 존엄성은 경주에서 따내는 트로피나 메달이 아니라 모든 사람에게 주어지는 입장권 같은 것입니다. 누구든지 이 사회 속에 참여하여 살아갈 권리가 있다는 걸 인정하는 것입니다. 그러니 누구에게도 '너네는 따로 살아', '너는 말할 자격이 없어', '너는 사회적 혜택을 누릴 수 없어'라면서 가로막을 자격이 없습니다.

수단이 아닌 목적으로

이 세상에는 가격을 매길 수 있는 것들이 있습니다. 우리가 살아가면서 소비하는 상품이 대표적이지요. 가격이 매겨진 것들은 동일한 가격을 가진 것들로 바꾸거나 대체할 수 있습니다. 또, 이렇게 가격이 매겨진 것들은 어떤 일을 하기 위한 수단으로 쓰입니다. 공부를 하기 위해 볼펜이나 연필을 사용하고, 메시지를 보내기 위해 휴대폰을 사용하는 것처럼요.

반면에 가격을 매길 수 없는 것이 있습니다. 값을 넘어서는 존재, 대체 불가능한 존재에게 있는 것이 존엄성입니다. 이런 존엄한 존재는 수단이 아닌 그 자체로 목적입니다. 다른 무엇을 위한 수단으로 이용할 수 없다는 뜻이지요. '내가 대접받고 싶은 대로 남을 대접하라', '내가 받고 싶지 않은 취급은 타자에게도 하지 마라'는 말로 설명할 수 있겠네요.

목적인 존재로서의 인간을 거래하는 일은 불가능합니다. 타자가 나를 거래할 수도 없지만, 나 자신도 나를 어떤 가격에도 팔아넘길 수 없습니다. 그런데 불행히도 현실에서는 사람을 수단으로 착각하고 취급하는 일이 벌어지곤 합니다.

판매 노동자는 매상을 위한 수단이 아님에도, 손님이 무례한 행동을 하거나 무리한 요구를 해도 참으라고 강요당합니다. 건설

노동자는 적절한 휴식을 취하고 안전한 환경에서 일해야 하는데, 사고와 죽음이 예정된 것이나 다름없는 위험천만한 작업환경에 투입되곤 합니다. 더 높은 점수를 내라고 운동선수에게 폭력을 가하고, 금지된 약물을 주입하기까지 합니다.

"넌 커서 대체 뭐가 되려고 그래! 공부 못하면 내 자식도 아니야."
'청소년은 우리 사회의 미래, 미래의 인적 자원입니다.'
"네 인권은 나중에 대학 가고 취직한 다음에 생각할 문제야."
"지금은 시키는 대로만 해. 다 너 좋으라고 하는 거야."

이런 말들, 어딘지 익숙하지 않은가요? 여러분 같은 청소년을 가정에서, 학교에서, 사회에서는 어떻게 대하고 있나요? 지금 누려야 할 권리들을 모조리 미래로 유예하고, 사람을 자원으로 보는 태도. 이런 것들이 사람을 목적이 아닌 수단으로 다루는 것입니다. '인적 자원'이란 어떤 일의 연료나 재료가 된다는 뜻입니다. 공부를 하고 기술을 배우고 다양한 재능을 갈고닦는 것은 청소년의 권리이기도 합니다. 하지만 그것 자체가 목적인 것이 아니라 나의 고유한 존엄성을 지키는 것이 목적이랍니다. 공부, 기술, 재능 등은 나를 나답게 하고 성장시키기 위한 수단에 불과하지요.

37

우리 모두는 가격을 매길 수 없는 존엄한 존재이자 목적으로서 대우받으며 살아갈 권리가 있습니다. 존엄성에 토대한 인권은 모든 인간의 보편적인 취약성을 인정합니다. 취약하기에 상호 의존하는 관계를 인정합니다. 따라서 그런 상호 의존 관계와 사회적 제도가 누군가를 불리하게 대우하거나 위험에 빠트리지 않도록 신경 써야 합니다.

우리 각자가 목표하고 노력하는 것은 평가할 수 없어요.

우리는 물건처럼 가격을 매길 수 없어요.

존엄한 존재는 수단이 아니라
그 자체로 목적이에요.

나다움

블랙리스트는 감시가 필요한 사람 또는
그룹들의 목록이에요.

선배 중 한 사람이 블랙리스트에 이름이 올랐다는 사실을 알게 됐을 때,
저는 조금 두려웠습니다.

국가나 관련 기관의 예술인 지원 사업 선정 과정에서
'블랙리스트'에 오른 사람은 떨어진다고도 했어요.

지원을 받아 활동하는 주변의 많은 예술가에겐 생계가 달린 중요한 문제였어요.

혹시 내 이름도 올라가는 건 아닐까, 나 때문에 주변에서 피해를 보는 건 아닐까 움츠러들게 되었죠. 다행히 피해는 없었지만 '블랙리스트'라는 것이 있다는 사실만으로도 위축이 되었어요.

'문화계 블랙리스트' 사태 이후
2021년, 예술인권리보장법이 제정되었어요.
이 법의 시행으로 불공정 행위뿐 아니라
표현의 자유 침해, 성희롱, 성폭력 피해 등
권리 보호 범위가 확대된다고 합니다.

자유

자유의 자원은 일차적으로 '내가 ~을 하고 싶다'고
추구할 자유입니다. '하고 싶다'는 마음은 아무것도 없는
진공 상태에서 생기는 것이 아니지요.
여기에는 길동무와 나침반이 필요합니다.

내 이름은 안네야. 나는 독일에서 태어났어.
히틀러가 정권을 잡고 전쟁이 일어나자 유대인인
우리 가족은 은신처에 숨어 지내게 되었어.

밖으로 나갈 수가 없어서
매일 키티에게 글을 썼어.
키티는 내 일기장
이름이야.

밖에서 들어온 사람들에게서
바람 냄새가 날 때면
우리는 언제쯤 신선한 공기를
마실 수 있을까 생각하곤 해.

누구라도 이렇게 1년 반이나 갇혀 지내는 생활을 한다면
마음 깊은 곳에 그런 욕망이 있는 걸
숨길 수가 없을 거야.

가끔 나는 자전거를 타고 휘파람을 불며
자유를 만끽하는 꿈을 꿔.

하지만 우리는 결국
발각되고 말았어.
많은 유대인들처럼
수용소에 끌려가서
죽게 되겠지.

《안네의 일기》(안네 프랑크 지음, 한상남 엮음, 지경사, 2008)를 참고하여 구성

사회 속에서 누리는 자유

안네가 겪은 일은 제2차 세계대전 때였지만, 오늘날에도 세계 곳곳에서 많은 아동과 청소년들이 비슷한 일을 경험하고 있어요. 내전, 재해, 굶주림, 전염병 등이 어떤 이들에게는 여전히 가까운 일이지요. 누군가의 탐욕 때문에 강제 노동과 성 착취에 시달리기도 하고 심지어 소년병으로 끌려가기도 합니다. 형편이 좀 좋은 나라에 산다고 해서 자유롭기만 한 것은 아니에요. 많은 청소년이 심각한 경쟁에 시달리고 있으니까요. 더 좋은 성적, 더 멋진 외모, 온라인상에서의 인기 비교 등 경쟁은 끝이 없습니다. 스트레스를 못 견디는 어떤 청소년들은 스스로 목숨을 끊기도 하고, 또래들을 괴롭히는 데 앞장서기도 해요. 많은 청소년이 적절한 주거와 보살핌을 제공받지 못하기도 하지요.

저마다의 고통이 다르기에, 어떤 고통이 더하거나 덜하다고 비교할 수는 없어요. 상처받고 아프다는 점에서는 보편적이며, 각자 처한 고통이 구체적으로 다를 뿐이죠. 이 고통을 다른 말로 표현하면, '존엄성의 침해' 또는 '부자유한 상태'라고 할 수 있습니다.

인간은 자연과 사회로부터 억압과 부자유를 경험합니다. 더위와 추위, 질병, 죽음 등으로부터 자유롭지 않고, 비교와 경쟁, 모멸과 괴롭힘으로부터 자유롭지 않지요.

그럼, 이렇게 부자유한 조건에서 살아가는데 '모든 인간은 자유로운 존재다'라고 말하는 것은 거짓일까요? 그렇지 않답니다. 《안네의 일기》에서의 안네처럼 우리는 모두 어떤 상황과 조건에서도 자유의 씨앗을 품고 살아가요. 현실에서 맞닥뜨리는 부자유와 맞서 싸울 때 이 씨앗이 발화될 수 있답니다. 안네가 키티와 대화했듯이, 우리는 서로를 자유로운 존재로 대우하는 존재들과 만나고 대화하면서 자유를 만들어 낼 수 있어요. 친구와 이야기를 나누고, 모임을 하고, 더 좋은 세상을 상상하는 활동들이 모두 자유라고 할 수 있지요.

'모든 사람이 자유롭다'는 말은 '모든 사람이 존엄하다'는 말을 달리 표현한 것이에요. 자유롭기 위해서는 서로를 존엄하고 자유로운 존재로 대우한다는 조건이 필요해요. 만약 서로의 존엄과 자유를 인정하지 않는다면, 만남은 두렵고, 대화는 괴롭힘이 되고, 모임은 불편해집니다. 더 나쁜 세상이 펼쳐지게 됩니다.

안네가 일기를 썼듯이 우리들 각자는 자기만의 책을 쓰고 있답니다. 우리 삶이 우리가 쓰는 책이며, 누구나 자기 삶의 저자라고 할 수 있지요. 각자의 책은 스스로 가치 있다고 여기는 것을 삶으로 써 나간 것입니다. 사람은 누구나 고유하고 대체 불가능하고 비교 불가능하기에 책들의 장르도, 형식도 무궁무진하게 다양해요. 누구와 비교할 필요 없는 자신만의 소중한 책을 써 나가는 것이 자유로운 삶이라 할 수 있지요. 그런데 내 삶의 자유로운 저자가 되기 위해서는 많은 것이 필요하답니다. 무엇보다도 사회적 관계를 떠나서는 자유가 불가능합니다.

내 이름은 자유, 자유예요

미국에서는 버스에서 백인과 유색인종의 좌석을 구분하는 차별이 있었습니다. 이에 맞서 '버스 안 타기 운동'이 일어났지요. 흑인에겐 밥을 팔지 않는 백인 전용 식당에 가서 '앉아 버티는 운동'도 있었습니다. 그 뒤를 이은 것이 '자유 승객 운동'입니다. 인종분리정책에 반대하는 흑인과 백인들이 함께 버스를 타고 인종차별이 심각한 미국 남부 전역을 돌면서 인종분리 관행을 깨자고 호소했어요. 인종분리가 불법이 된 후에도 여전히 분리가 당연하다고 여기는 사람들을 향해 행동으로 분리를 없애자고 말한 것이지요.

자유 승객들은 가는 곳마다 몰매를 맞고 그들이 타고 있는 버스에 불을 지르는 등 심각한 위협을 받았습니다. 폭력으로부터 보호해 줄 의무가 있는 경찰은 오히려 자유 승객들을 체포해 가두고 감옥에서 온갖 부당한 처우로 괴롭혔지요. 어느 날 인종분리 및 차별에 항의하는 집회 후 대규모 체포가 이루어졌습니다. 경찰서장은 체포한 사람들을 자신의 책상 앞에 줄 세워 놓고는 이름을 받아 적었지요. 문득 고개를 들어 보니 아홉 살가량의 흑인 남자아이가 서 있었습니다. 어린아이가 체포된 것에 놀란 경찰서장이 "이름이 뭐냐?"고 묻자 아이는 서장을 똑바로 쳐다보고는 이렇게 대답했습니다.

"내 이름은 자유(Freedom), 자유예요."

사회적 관계를 떠나서는 자유가 불가능하다는 말은 무슨 뜻일까요? 이 일화에서처럼, 자유로운 삶을 추구하려 해도 사회가 피부색이나 인종을 이유로 사람을 구분하고 분리한다면 자유로울 수 없습니다. 아홉 살 소년이 피부색과 상관없이 버스를 자유롭게 탈 수 있으려면, 인종분리와 인종차별이라는 사회적 관계가 바뀌어야만 합니다. 그리고 그런 변화는 저절로 오는 것이 아니라, '내 이름은 자유, 자유예요'라는 외침처럼 직접 행동에서 온답니다. 아이의 진짜 이름이 무엇이었는지 모르지만, 자기 이름을 '자유'라고 부르면서 어른이고 백인인 경찰서장에게 당당히 맞선 아이의 용기 속에 자유가 있습니다.

반면, 피부색으로 차별하려는 백인들의 행위, 차별에 반대하는 시위자들을 체포한 경찰의 행위는 자유로운 것일까요? 힘이 있다고 해서 내 맘대로 휘두르는 것이 자유일까요? 타자에게 부자유를 강요하는 것, 타자의 존엄성과 자유를 침해하는 것은 인권에서 옹호하는 자유일 수 없습니다. 나에게는 자유롭지만 다른 누군가에게는 부자유한 것은 자유가 아니라 불평등이거나 차별이지요.

1950년대 미국에서 흑인은 앞자리에 앉을 수 없었어요.

흑인들은 '버스 안 타기 운동'이나 백인 전용 식당에서 '앉아서 버티기 운동' 등을 했습니다.

레스토랑

백인전용

인종분리 반대 집회에서 많은 사람이 체포됐는데,

유색인종 차별 금지하라!!

인간은 평등하다!

어린아이가 체포되자 경찰서장이 이름을 물었지요.

내 이름은 '자유'예요!

우리나라에도 많은 차별에 맞서는 운동이 있어 왔어요.

모두 자유를 둘러싼 사회적 관계를 올바르게 만들려는 움직임이지요.

특권 없이 모두가 자유로운 사회를
만들기 위해 행동하는 것이

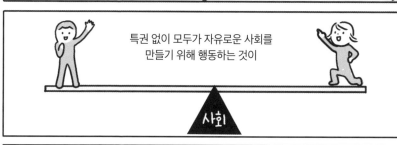

진짜 자유를 행사하는 일이에요!

앞서 존엄성에서 살펴봤듯이 '내가 받고 싶지 않은 취급은 타인에게도 하지 말아야' 합니다. 그런데 특권을 누리는 사람들은 제약 없는 자유를 계속 즐기려고 고집을 부립니다. 일부 사람만 자유롭고 나머지는 그 일부의 자유 때문에 부자유해질 때, 자유를 되찾으려 애쓰는 것은 자유로운 인간이 져야 할 당연한 의무입니다.

한국의 역사 속에서 어린이와 청소년들은 자유를 억압하는 사회적 관계를 바꾸기 위해 줄기차게 노력해 왔답니다.

우리를 인격적으로 대우하라는 체벌금지 운동, 성적으로 줄 세우는 평가 제도를 바꾸라는 운동, 내 머리카락에 손대지 말라는 노컷 운동, 내 친구를 추방하지 말라는 난민 인정 운동, 어리다고 함부로 반말하지 말고 존중하라는 나이주의 반대 운동, 통학로·급식·폭력 등으로부터 아동과 청소년의 안전을 보장하라는 운동, 청소년의 인권을 존중하는 법과 제도를 만들라는 운동, 기후위기는 미래가 아니라 우리의 현재라는 기후 위기 운동 등등.

이런 움직임들이 바로 우리의 자유를 둘러싼 사회적 관계를 올바로 만들려는 움직임이에요. 여기서 알 수 있는 것은 '자유를 보장하는 것은 자유'라는 점입니다. 우리의 자유를 보장받기 위한 사회적 관계를 만들려면, 우리 스스로가 자유를 행사해야 한다는 뜻이지요. 말하고 생각하고 만나고 토론하고 함께 움직이는 것들 모두가 자유를 행사하는 일이랍니다.

내 이름은 삐삐 롱스타킹

스웨덴의 동화작가 아스트리드 린드그렌이 1945년에 발표한 《내 이름은 삐삐 롱스타킹》은 시대가 달라졌지만 여전히 세계 곳곳에서 많은 친구를 만나고 있습니다. 여러분의 부모님 혹은 조부모님 세대도 어렸을 때 삐삐를 책이나 TV 드라마로 만났답니다.

그런데 한국에서 처음 소개될 때 책 제목이 '말괄량이 삐삐'였어요. 왜 굳이 '말괄량이'라는 수식어를 붙였을까요?

한국어판 제목에 '말괄량이'를 붙인 것은 삐삐가 언뜻 보기에 여자아이인지 남자아이인지 분명하지 않은 데다가 아이다움에도 맞지 않았기 때문일 것으로 짐작해요. 삐삐를 '정상적'이지 않은 '이상한' 아이로 여긴 것이지요.

그 때문인지 〈말괄량이 삐삐〉 드라마가 한창 인기 있던 시절, 또래들 사이에서는 삐삐가 남자인지 여자인지를 놓고 격론이 벌어지곤 했어요. 남자아이가 여자아이 역할을 한 것이라는 소문이 있었고, 삐삐 역할을 하던 배우가 그런 이상한 행동 때문에 '꺼림직한' 죽음을 맞았다는 괴담도 돌았어요.

삐삐는 부모와 같이 살지 않고, 주근깨투성이에 짝이 맞지 않는 스타킹을 신고, 씩씩하고 힘세고 자유롭고 친절한 캐릭터입니다. 이 가운데 어느 것도 삐삐를 묘사하는 데 모순될 것이 없어요. 삐삐는 주변 어른들이 흔히 내세우는 기준에 대해서도 '그러거나 말거나' 자기 식대로 판단하고 행동하지요. "들어오든지 말든지 맘대로 하세요, 저는 아무래도 좋으니까"라고 말하면서 삐삐는 친구들을(사람이든 동물이든) 언제든 환대합니다.

"내 이름은 자유"라고 외쳤던 소년의 상황에서는 자유의 억압이 인종차별 제도와 그것을 실행하는 국가의 법, 군대, 경찰 같은 것으로 나타났습니다. 하지만 자유를 억압하는 것은 이 밖에도 많이 있습니다. '삐삐'를 둘러싼 사회적 관계에서는 다수, 여론, 표준, 정상 등의 이름으로 나타나지요. 자기들의 생각이나 관습을 따르지 않는 사람을 '비정상'으로 취급하고, '쟤와 놀지 마라'는 식으로 배제하기도 해요. 심하면 다수의 이름으로 행하는 혐오와 증오 폭력으로 나타나기도 하지요. 물론, 삐삐는 용감하고, 삐삐가 속해 있는 드라마 속 사회의 사람들은 대체로 열려 있고 삐삐에게 친절합니다.

그런데 구체적 삶 속에서는, "너는 왜 다른 애들이랑 다르니?", "남들처럼 좀 해 봐", "그건 비정상이야"라는 식의 공격을 심심치 않게 보게 됩니다. 어떤 상황에서, 주로 어떤 이들이 그런 공격의 표적이 되는지를 잘 살피는 것 또한 자유를 지키는 힘이에요.

'남자답다' 혹은 '여자답다'라는 성별 이분법적 언어로는 삐삐를 표현할 수가 없습니다. 남자 또는 여자라는 기준에 삐삐를 굳이 끼워 맞출 필요가 없지요. 여자다운 게 뭘까요? 남자다운 것은요? 아이다운 것은 도대체 무엇일까요? 그중에서 삐삐에게 해당하는 게 얼마나 있을까요? 우리들 각자는 삐삐와 마찬가지로 일반적인 기준 또는 표준으로는 설명할 수 없는 저마다의 고유성을 가진 존재입니다. 아이답다, 여성스럽다, 학생답다, 엄마답다, 맏이답다, 한국인답다…… 이런 기준들은 누구의 입장에서 누구의 생각대로 만들어진 것일까를 질문할 필요가 있습니다.

가령, 청소년이라고 모두가 학교에서 대학 입시를 준비하는 것은 아니에요. 어떤 청소년은 입시가 아닌 다른 활동을 하고 싶거나 다른 진로를 꿈꿀 수 있어요. 어떤 청소년은 일찍부터 노동을 시작해 스스로 생계비를 벌기도 해요. 흔히 '학생답지 못하다'고 할 때, '학생답다'의 기준은 누구일까요? 누구를 보고 그렇게 말하는 걸까요? 어떤 청소년은 부모와 살 수도 있지만, 조부모 또는 엄마 아빠 둘 중 한 사람과 살 수도 있고, 혈연이 아닌 사람과 살 수도 있습니다. 도시에 살 수도 있지만 농어촌에 살 수도 있고, 국제결혼 가정이거나 이주자 가정일 수도 있지요. 이런 다양한 삶을 존중하지 않고, '기준', '표준', '정상'을 벗어났다고 손가락질하는 것은 지목되는 사람들의 삶의 자유를 침해하는 행위입니다.

자유를 침해하는 것들

이크발은 카펫을 만드는 아동 노동자였어요. 카펫을 짜는 데는 작은 손이 더 유리해서 공장주들이 아이들을 부려 먹는 일이 많았지요. 너무 가난해서 빚을 진 가정에서는 아이들을 공장에 팔아넘기곤 했습니다. 이크발도 그런 경우였지요. 네 살 때부터 6년이나 사슬에 묶여 일을 해야 했어요. 배고프고 지치고 매 맞는 게 싫었던 이크발은 간신히 탈출합니다. 그리고 아동인권단체와 노동인권 단체를 만납니다. 이크발은 자기와 같은 아이들이 어떤 고통을 받고 있는지를 전 세계에 알렸습니다. 카펫 공장 사장들이 보복할지도 모른다는 두려움에도 용기를 냈어요. 이크발 덕분에 아동 노동의 심각성이 널리 알려졌고, 사람들은 노예처럼 일하던 아이들을 구출하기 시작했습니다. 카펫 공장 사장들은 돈을 더 못 벌게 될까 봐 음모를 꾸몄고, 그들이 사주한 것으로 보이는 총격으로 이크발은 열두 살 짧은 생을 마치고 말았습니다.

자유를 침해하는 권력 중에는 국가 권력, 다수자의 권력뿐만 아니라 시장 권력도 있어요. 우리는 시장을 통해 거래를 하고 계약을 하고 직업을 얻고 필요한 것을 사고팝니다. 누구나 시장에서 자유롭게 경제활동을 할 수 있지요. 그런데 시장이 합당한 기능을 넘어서서 인간의 자유를 침해한다면 어떤 일이 벌어질까요? 이크발이 겪은 일은 시장의 이윤 추구가 도를 넘은 탐욕이 되어 아동의 인권과 자유를 침해한 사건이라고 할 수 있습니다.

한국에서도 특성화고 학생들이 실습이라는 명목으로 일하다가 심각한 사고를 당하거나 괴롭힘을 당하는 일이 벌어지는 것을 뉴스나 인터넷에서 보았을 거예요. 스스로 생계비를 벌어야 하는 청소년이 임금을 제대로 받지 못하고 욕설, 성희롱 등 폭력 위협을 받는 일도 있습니다. 시간과 장소만 다를 뿐 이크발이 겪은 것과 다르지 않은 일이 여전히 벌어지고 있는 거예요.

시장에서는 물건만 사고파는 게 아니라 노동력도 거래합니다. 사람들은 고용 관계를 맺고 일을 하며 살아갑니다. 그런데 사장이 임금을 형편없이 주거나 똑같은 일을 하더라도 사람에 따라 차별하여 주거나 위험한 일을 안전장치 없이 시키거나 함부로 해고할 수 있다면, 노동시장에서 일하는 사람들의 자유는 심각하게 위협받지요.

또, 시장에는 큰 자본을 가진 쪽과 그렇지 못한 쪽이 있습니다. 대형 쇼핑센터와 동네 작은 가게, 프랜차이즈 빵집과 동네 빵집, 대형 인터넷 서점과 동네 서점 등이 그렇지요. 이들 간에는 애초에 공정한 경쟁이 불가능합니다. 작은 것들은 저마다의 개성과 그 나름의 역할이 있는데, 큰 것들만 살아남게 된다면, 작은 것에 깃들어 살아가는 사람들 삶에 어떤 영향을 미칠까요?

돈을 많이 버는 것만이 최고의 가치라고 여기는 사회에서 시장 권력은 사람을 함부로 취급할 뿐만 아니라 자연 생태를 함부로 파괴하고 법을 어길 수도 있습니다. 이런 이유로 여러 나라에서는 시장이 일정 한계를 넘지 않도록 단속하는 법과 제도를 운용합니다. 바로 노동법, 산업안전이나 사회복지와 관련한 제도 등이지요.

시장 권력은 우리에게 불필요한 것을 소비하라고 자꾸 부추기고 유혹합니다. 그러려면 돈이 점점 더 필요해질 테지요. 여러분도 휴대폰이든 옷이나 신발이든, 잘 쓰던 물건도 신상품이 시중에 나오면 거리낌 없이 버리고 새로 사 본 경험이 있을 거예요. 필요하지 않은 물건임에도, 광고에서 자꾸 보이고, 다른 친구들이 갖고 있으면 왠지 나도 당장 가져야 할 것 같은 초조함이 생기곤 해요.

그런데, 생각해 보세요. 우리가 어떤 물건을 살 때 그것이 오로지 나의 '선택'일까요? 나의 소비는 온전히 나의 '자유'로 이루어지는 것일까요? 시장이 이미 우리의 소비를 예상하고 유도한 것이라면, 그것은 선택이나 자유가 아니라 조종받고 있는 게 아닐까요?

세상에는 사고팔 수 있는 것, 거래할 수 있는 것과 그렇지 않은 것들이 있습니다. 그런데 시장은 자꾸자꾸 사고파는 것을 확대하려 합니다. 무엇에든 값을 매기려 합니다. 교육, 의료, 주거, 사회복지 같은 분야는 가격을 매기거나 사고파는 것으로부터 보호받아야 할 영역입니다. 하지만 시장의 논리가 우세한 사회에서는 이런 것들마저도 돈으로 사고팔게끔 만들지요. 그런 사회에서는 대부분의 사람이 살아가기가 힘들 수밖에 없어요. 모든 일에 경쟁을 붙이고, 이윤이 커다란 일들에만 관심을 두게 되면, 모든 사람에게 필수적으로 필요한 영역이 본래 기능을 하기가 어렵습니다. 돈 되는 학생은 교육하고 돈이 별로 안 되는 학생은 신경 쓰지 않는 사회, 돈 되는 환자는 치료하고 그렇지 않은 환자는 방치하는 사회, 이런 사회를 상상하면 끔찍하지 않은가요?

시장이 인간의 자유에 기여할 수 있는 정도의 역할만 하고, 다른 삶의 분야로 침투하지 않도록 지키는 것 또한 자유를 위해 중요한 일이랍니다. 자유는 내 돈 갖고 나 혼자 누리는 것이 아니라 사람들이 이루는 사회적 관계 속에서 누리는 것이에요. 따라서 사회적 관계 중 하나인 시장의 역할과 기능을 제한하는 것은 공통의 자유를 지키기 위해 꼭 필요한 일이랍니다.

자유에는 자원이 필요해요

'키다리 아저씨' 같은 캐릭터는 드라마나 영화 등에 자주 등장하지요. 어려운 환경에서도 씩씩하게 살아가는 여주인공을 돕는 사람으로 말이지요. 그런데 뭔가 이상하지 않은가요? 키다리 아저씨가 베푸는 '선의'와 '도움'을 여주인공이 수동적으로 받는 것으로 그려질 뿐, 정작 주인공이 그 도움에 대해 어떻게 생각하는지에 대해서는 아무도 궁금해하지 않으니까요. 많은 사람이 '나에게도 저런 키다리 아저씨가 있었으면' 하고 마냥 부러워하는 데서 그치고 말지요.

사실 원작인 《키다리 아저씨》는 주인공 주디의 시각에서 본 사회 비판 소설이랍니다. 소설 속 주디는 동정과 시혜를 바라는 인물이 아니라 적극적으로 자기 삶을 헤쳐 나가는 인물입니다. 그야말로 자유를 추구하고 실천하는 사람이지요. 후원자인 키다리 아저씨에게 쓰는 편지에서도 주디는 자기를 둘러싼 관계들과 사회 문제를 비판적으로 바라봅니다. 주디의 말을 통해 자유와 자원의 관계를 생각해 볼까요?

"18년 동안이나 스무 명이 들끓는 방에서 살아오다 이제 혼자 지내게 되니 살 것만 같아요. 그래서 비로소 저는 난생처음 저와

사귈 수 있게 되었어요."

"저는 고아원이 그립다는 말은 한 번도 듣지 못했어요. (……)
존 그리어 고아원의 목적은 97명의 고아들을 97명의 쌍둥이로
만드는 것입니다."

주디는 고아원에서 18년 동안 살았어요. 당연히 자기만의 방
같은 건 없었지요. '자기만의 방'이 의미하는 건 뭘까요? 나만의
공간, 나만의 침구, 나만의 책상 같은 것들…… 물론 이런 것들도
중요하죠. 하지만 '자기만의 방'은 이런 물질로만 만들어지지 않
습니다. '자기만의 방'에는 나를 한 사람의 고유한 인격체로 바라
봐 주는 관계가 있어야 합니다. 더불어 나의 비밀이나 사생활이
존중받고 보호받아야 하고, 내가 원하는 삶을 목표로 세우고 나
만의 방식대로 살아갈 수 있어야 합니다. 이런 것을 인격의 자유,
프라이버시의 자유, 선택의 자유, 자율성 등으로 표현합니다.
　이런 자유를 실현하려면 구체적인 자원이 필요해요. 이 자원
에는 눈에 보이는 것만 해당하는 게 아니라 무형의 것도 포함됩
니다. '자기만의 방'에는 주디만의 공간, 유형의 자원만이 아니라
또 필요한 게 있답니다. 주디를 97명의 고아와 똑같이 취급하며
똑같은 규칙대로 살아야 하는 수동적 존재로 보지 않는 시선이

지요. 주디를 고유한 세계를 가진 존재로 인정함으로써 원할 때 자고, 원할 때 먹고, 원하는 책을 읽을 수 있게 해 주는, 존중하는 관계라는 무형의 자원 말이지요. 이런 유무형의 것을 합하여 '자유의 자원'이라고 합니다.

물론 주디에게 자원을 제공하는 사람들이 전혀 없었던 건 아니에요. 하지만 주디가 원하는 방식과 내용이 아니었지요. 주디는 부잣집 아이들이 입었던 옷을 기증받아 헌옷을 입고 학교에 갑니다. 학교에서는 그 옷을 기증한 아이 옆에 앉아서 공부해야 했지요. 아이들은 그런 주디에게 동정과 위로의 말을 건넸어요. 주디는 더 상처받았지요. 하루는 학교 채플 시간에 "가난한 사람들은 사람들이 자비심을 베풀기 위해 이 세상에 존재하는 것"이라는 설교를 듣고, 주디는 '내가 그런 자비심의 대상이 되기 위해서 이 세상에 존재하는 것인가?'라는 자괴감을 느낍니다.

자유에는 물질적 자원이 필수적이지만, 물질만으론 이뤄지지 않는다는 걸 주디의 경험을 통해 알 수 있어요. 어떤 자원이건 그 사람의 인격을 존중하는 관계가 바탕이 되어야 하는 것이지요. 자유의 자원은 인격적 관계 속에 있습니다.

사회적 관계 속의 자유

주디에게만 해당하는 이야기가 아니랍니다. 코로나19로 인해 비대면 원격 수업이 늘었고, 평상시에도 인터넷 강의를 통해 공부하는 청소년이 많습니다. 꼭 입시 공부만이 아니라 예체능이나 기술을 익히는 데도 인터넷 강의가 많이 이용되지요. 정부에서는 '무료' 인터넷 강의를 늘리겠다고 홍보하곤 합니다. 그런데 여러분도 알다시피 무료 인터넷 강의만 있다고 공부가 되는 건아니지요.

우선, 공부하고 싶은 마음이 있어야 하잖아요? 내가 이 공부를 통해서 무엇이 되고 싶다는 마음이 있어야 무료든 유료든 강의를 듣게 되겠지요. 세상이 내가 하려는 공부를 우습게 본다면? 안 배워도 그냥 되는 것이라고 무시한다면? 또는, 넉넉한 집안이 아니라면 예체능처럼 돈이 많이 드는 공부는 시작도 하지 말라고 한다면?

아무리 하고 싶은 공부라 하더라도 형편이 안 되면 선뜻 시작하기 어렵습니다. 형편이 되더라도 하고 싶지 않은 공부를 해야한다면 고역일 거예요. 시험 점수가 평생을 좌우한다고 몰아붙이니 어쩔 수 없이 공부를 하면서도 흔쾌하지가 않습니다. 공부하고 싶은 마음, 이 마음도 자원이라고 한다면 이상한가요? 그런데 실제로 그렇답니다. 나에게는 물론 사회에도 기여하는 공부가 하고 싶다는 마음을 먹는 것도 자유의 중요한 자원이랍니다. 그런데 이 마음먹기는 나 혼자만의 의지로 생기는 건 아닙니다.

자유의 자원은 일차적으로 '내가 ~을 하고 싶다'고 추구할 자유입니다. '하고 싶다'는 마음은 아무것도 없는 진공 상태에서 생기는 것이 아니지요. 따라 하고 싶은 역할 모델이나 조언을 구할 친구나 어른들이 주변에 있어야 합니다. 또 다양한 문화를 경험하면서 이런저런 탐색이나 경험을 해 봐야 무엇을 하고 싶은지 알게 됩니다. 자기다움을 찾는 것은 단번에 되지 않는 기나긴 여정이에요. 여기에는 길동무와 나침반이 필요합니다.

흔히 자유라고 하면 '간섭받지 않을 자유'를 가장 먼저 떠올립니다. 부당한 간섭은 없어야 하지만, 그게 '관계가 없어야 한다'는 말은 결코 아니에요. 나다움이란 다양한 사람을 만나고 교류하면서 오랜 시간에 걸쳐 만들어집니다. 나아가 자유 역시 나를 둘러싼 사회적 관계 속에서 생성되는 것이랍니다.

또 무엇이 필요할까요? 몸이 받쳐 주지 않으면 공부든 일이든 잘할 수 없어요. 잘 먹지 못하면 체력도 떨어질 뿐 아니라 머리도 잘 돌아가지 않지요. 공부할 수 있는 장소도 필요해요. 시끄럽고 산만한 곳에서는 집중하기가 어려우니까요. 무료 인터넷 강의가 있어도 컴퓨터가 없다면 무용지물이겠지요. 공부를 할 수 있으려면, 공부하겠다고 마음먹는 것과 더불어 영양가 있는 음식, 편히 자고 공부할 수 있는 공간, 적절한 운동, 기자재 등이 필요합니다. 이런 것도 자유의 자원이랍니다. 그런데 이런 걸 갖추는 게 오로지 나의 몫, 혹은 내 보호자의 책임으로만 국한된다면 어떨까요? 아무리 잘 만들어진 학습 자료가 무료로 배포된다고 해도 나에게는 쓸모가 없겠지요.

키다리 아저씨를 법과 제도로

자기다움을 실현하는 것은 '꿈'만으론 되지 않습니다. 노래를 잘하고 노래 부르는 걸 좋아하는 청소년이 있다고 해 보죠. 그런데 보컬 레슨비가 너무 비쌉니다. 가난하면 노래할 생각을 하지 말라고 합니다. 이럴 때 노래하고 싶은 자유는 어떻게 실현할 수 있을까요?

장애가 있는 청소년도 생각해 볼까요? 내가 원할 때 원하는 곳으로 이동할 수 있어야 학교에 가고 사람도 만나고 나중에 직장도 찾을 수 있겠지요. 그런데 장애인에게 필수적인 편의시설들이 제공되지 않아서 그럴 수가 없다면 어떻게 해야 할까요?

노래하고 싶은 청소년이 돈의 제약 때문에 노래를 포기하는 것, 장애가 있는 사람이 가고 싶은 곳으로 이동할 수 없는 것. 이런 것은 개인의 문제가 아니라 중대한 자유의 제약입니다.

자유에는 구체적인 자원이 필요합니다. 이런 걸 그때그때의 자선이나 호의에 기댈 수는 없습니다. 개인적으로 비싼 돈을 들여야만 가능한 게 아니라, 학교에서 예능 교육을 누구나 받을 수 있다면 어떨까요? 어디에나 편의시설이 필수적으로 갖추어져 있어 장애인이든 비장애인이든 이동하는 데 불편함이 없다면요?

이러한 자원을 누구에게나 상시로 안정되게 제공하려면 법과 제도가 필요합니다. 이런 법과 제도를 만들어 내는 것이 자유를 실현하는 길이기도 하지요. 표현의 자유, 정치 참여의 자유, 집회·시위의 자유 등을 통해 사회적·정치적 관심을 끌고, 필요한 법을 만들고 예산이 배정되게끔 할 수 있습니다. 우리에게는 소설 속 '키다리 아저씨'를 현실의 '법과 제도'로 탈바꿈하는 게 필요합니다.

이런 방식은 너무 느리다고요? 그럼 달리 생각해 볼까요? 주디가 온전히 자신의 노력으로 돈을 벌고 저축을 해서 집을 장만하는 건 어떨까요? 아마 법과 제도에 기대는 것보다 훨씬 더 오래 걸리거나 어쩌면 아예 불가능할 거예요. 주디의 월급보다 집값이 훨씬 더 빨리 오를 테고, 물가가 아주 가파르게 오르는 사회에서 주디는 아무리 열심히 일한들 방 한 칸 얻기 힘들 겁니다. 만약에 주디의 월급 수준으로도 부담 없이 월세를 내고 원하는 곳에서 안정적으로 살 수 있는 제도가 있다면 어떨까요?

장기임대주택 같은 제도 말이지요. 국가, 지자체, 공공기관 등이 공공으로 소유하는 주택을 많이 만들어 주디 같은 자립 준비 청소년이나, 청년 노동자, 노인, 장애인 등이 마음 놓고 안정적으로 살 수 있는 공공주거를 마련하는 사회라면 어떨까요? 그러면 주디는 '자기만의 방'에서 안정적으로 이것저것 배우기도 하고,

자기 발전을 위한 계획도 세울 수 있을 거예요. 이러한 지원과 제도는 주디가 자기 삶을 계획하고 발전시킬 자유의 자원이 됩니다. 그리고 이런 제도는 시민들이 관심을 갖고 참여하고 정치인들에게 요구할 때 실현 가능해집니다.

자유는 자유를 낳아요

"인간에게 인격이 요구되는 것은 인생에서 큰 불행을 당했을 때만 한하는 것은 아닐 겁니다. 위기를 당했을 때 분발하고 덮쳐 오는 비극에 용기를 가지고 대적하는 것은 누구나 할 수 있는 일 입니다. 그러나 일상의 예기치 않았던 사소한 일들을 웃음으로 처리해 나가려면 정말 용기가 필요하다고 생각합니다. 저는 이 런 성격을 수련으로 쌓으려고 합니다."

"사실 온 세상이 내 집 같은 느낌이에요. 제가 묵인을 받아 이 세상에 살며시 끼어든 것이 아니라 진실로 이 세상에 속해 있다 는 느낌이 들기 시작했습니다."

"저는 누구에게나 가장 필요한 건 상상력이라고 생각해요. 그 것만 있으면 다른 사람의 입장에 서 볼 수도 있어요. 상상력이 사 람을 상냥하고 공감하고 이해심이 많게 하지요."

주디의 또 다른 말이에요. 주디는 작가가 되겠다는 의지와 노 력, 동정이 아니라 우정으로 다가온 친구들과의 관계, 그리고 장 학금이라는 안정적인 지원 덕에 자신이 원하던 삶을 살아가기 시작합니다. 삶이 변화하면서 주디가 쓰는 말과 세계도 달라지는 걸 볼 수 있지요. 주디는 스스로 돈을 벌기 시작하면서 자기처럼 가난한 주변 사람들을 돕기 시작합니다. 자기가 받았던 장학금을 키다리 아저씨에게 갚아 나가면서 자기처럼 공부하고 싶어 하는 가난한 소녀를 지원해 달라고 요청합니다.

주디가 한국에서 살았다면, 아마 김중미 작가와 같은 책을 썼을 것 같습니다. 가상의 마을 '은강'을 무대로 《괭이부리말 아이들》, 《곁에 있다는 것》 등의 소설을 쓴 김중미 작가는 어느 인터뷰에서 이런 얘기를 했어요. '은강'은 가난하고 무시받으면서도 서로를 보살피는 사람들이 살아가는 동네 이름이라고요. 작가는 실제로 '은강'의 무대가 된 마을에서 공부방을 운영하면서 아이들 곁을 지켜 왔습니다.

어른들만 아이들을 돌보는 것은 아니랍니다. 아이들끼리도 서로를 돌봅니다. 내성적이라 목소리가 아주 작은 아이가 있었습니다. 그런데 이 아이가 입을 열면, 다른 아이들이 다 숨죽여 주었습니다. 이런 배려 덕에 그 아이는 공부방에서는 마음 편히 말하기를 시도할 수 있었습니다. 또, '느린 학습자'인 한 아이는 자신의 경험 때문에 자기보다 어린 동생들을 잘 돌볼 줄 알았습니다.

다음은 김중미 작가의 공부방 아이들에게 실제로 있었던 일이에요.

으아앙~

공부방

왜 울어?

무슨 일 있니?

오늘따라 애들이 더 괴롭혔어요.

...

발달장애가 있다고 애들이 괴롭힌대.

우리가 도와줄 방법이 없을까?

우리가 매일 4학년 교실에 가자!

소곤 소곤

그래서 매일

○○야~

!

5, 6학년 언니 오빠들이

○○야!

동생의 교실로 찾아갔어요.

○○야!

언니!

뭐야, 쟤 혼자가 아니잖아.

선배들이 많으니 괴롭히지 못하겠네.

그만하자.

가난해도 관계의 기쁨을 느낄 수 있다면 풍요로울 수 있습니다.

같이 가자.

자유는 물질적인 자원만이 아니라 사람 사이에서 서로 기대고 보살피는 관계를 필수적으로 요구합니다. 자유는 사람들이 만나고 부딪치면서 만들어 낸 힘입니다. 공부방 아이들이 괴롭힘당하는 동생을 위해 교실에 찾아가서 그 아이의 이름을 부를 때 번쩍 나타나는 것, 그것이 바로 자유랍니다. 괴롭힘에서 해방된 아이의 자유는 저절로 생긴 것이 아니라 그런 관계의 힘에서 만들어진 것이지요.

그 순간에 괴롭히던 아이들의 부자유도 사라집니다. 같은 반 아이를 발달장애가 있다는 이유로 괴롭히던 아이들은 그렇게 해도 되는 게 자기의 자유라고 착각하고 자기 힘을 못된 일에 썼습니다. 그 아이들은 그게 자유로운 행동이라고 생각했을지 모르지만, 오히려 자신의 힘을 남용한 부자유한 행동입니다. 남을 무시하고 괴롭히면서 타인의 자유를 해치는 행동을 인권에서는 '자유로운' 행위라고 하지 않습니다.

제게는 '남자같이 생겼다'는 말을
종종 듣는 친구가 있어요.

내기하자.

남잘까,
여잘까?

한때는 그게 친구의 콤플렉스이기도 했지요.

화장이라도 해.

머리를
길러 봐.

여장
남자냐?

야, 화장
하지 마!

우리 엄마
같다.

친구는 남들에게 맞추고 싶지 않았어요.

난 사실
내 얼굴 좋아.

그럼 됐네.
네 얼굴이잖아.

친구는 오랫동안 짧은 곱슬머리로 다녔고, 좋아하는 검정색 옷만 입었어요.

이게 내 스타일!

여전히 사람들은 말하곤 해요.

남자야, 여자야?

여자래.

좀 꾸미기라도 하지….

하지만 친구는 다른 이의 외모나 성별에 대해 말하지 않아요. 그냥 그 사람인 걸로 족하지, 굳이 성별을 따질 필요가 없다는 걸 직접 경험했기 때문이에요.

…

평등

인권에서 강조하는 평등은
'똑같아지는 것'을 뜻하지 않습니다.
사회적 평등은 우리 각자의 개성과 인격과 다양성을
존중하는 것입니다. 사회적 평등에서는
'똑같이'가 아니라 '다르게'를 추구합니다.

당신이라면 어느 식당으로 가고 싶은가요?

근원적 평등

우리는 모두 서로 다릅니다. 생김새, 사는 곳, 사는 형편, 타고난 능력, 성격……. '차이'의 다른 말이 바로 고유함 또는 존엄성이랍니다. 존엄성에서 살펴봤듯이, 우리 각각은 하나하나가 고유하여 다른 것으로 대체할 수 없고, 다른 것과 비교하는 일도 의미가 없습니다. 인권에서 말하는 평등은 이런 고유한 존엄성의 평등이에요. 모든 평등을 논할 때 기초가 되는 것이기에 '근원적 평등'이라 하지요.

'근원적 평등'을 조금 쉽게 풀어 본다면, 이 세상이 거대한 식탁이라 할 때 누구에게나 자리가 마련돼 있다는 것입니다. 어느 누구에게도 '너는 여기 앉지 마', '너는 앉을 자격이 없어'라고 말하며 다른 사람을 내칠 권리가 없다는 뜻입니다.

평등이 불가능하다고 생각하는 사람들은 노력이나 성과 등을 근거로 들곤 하지요. 모두가 똑같이 노력하는 것도 아닌데 똑같이 나눠 갖는 것은 불공평하다고요. 노력하는 만큼 얻는 사회가 공평한 사회라고요. 하지만, 근원적 평등을 옹호하는 것은 노력이나 성과에 아무런 차등도 두지 말자는 뜻이 아니랍니다. 어떤 평가나 차등적 대우가 그 정당성을 인정받으려면, 인간의 근원적 평등에 대한 존중에서 출발해야 한다는 것입니다. 근원적 평등을 무시하고 이룬 성취는 타자에 대한 폭력이나 착취의 결과물일 수 있습니다. 우리는 정당한 성과에는 박수를 보내지만, 인간의 근원적 평등을 무시하고 '약탈'이나 '폭력'으로 얻어 낸 성과에 대해서는 비난하고 제재를 가할 수 있습니다.

대체 불가능하고 비교 불가능하기에 '내가 저 사람보다 더 뛰어난데', '내가 저 사람보다 먼저 왔는데', '저 사람 말고 내가 더 나은데'라는 식이 통하지 않습니다. 근원적 평등의 문을 통과한 다음에는 여러 개의 방이 열릴 수 있답니다. 저마다의 방에서 평등의 목표와 실현 방식을 다양하고 섬세하게 가다듬을 수 있어요. 근원적 평등을 적용하려면, 우리 삶의 복잡한 영역을 하나하나 들여다보고 헤쳐 나가야 하기 때문이에요.

어떻게 하면 사람들의 목소리가 묻히지 않고 골고루 대표되도록 할 수 있을까? 어떻게 사람들의 성취가 왜곡되지 않고 형평성 있게 배분되도록 할 수 있을까? 모욕과 무시, 혐오와 폭력의 빌미가 되는 요소들을 어떻게 다루어야 할까? 영역에 따라 질문이 달라질 수 있고, 평등의 접근 방식 또한 무궁무진하답니다.

평균이라는 게 뭘까요?

1950년대 미국에서 있었던 일이에요. 전투기의 비행 속도가 빨라지고 비행 방식이 복잡해지자 조종사들이 추락 사고를 비롯한 각종 위험에 노출되었어요. 기계도 조종술에도 문제가 없는데 사고가 잦아졌습니다. 담당자들은 고민 끝에 조종석을 고치기로 했어요. 4천 명이 넘는 조종사들의 엄지손가락 길이, 다리 높이 등 140가지 항목의 치수를 측정한 뒤 항목별 평균 수치를 산출했죠. 이제 완벽한 평균치로 조종석을 설계했으니 사고가 줄어들 것이라 믿었습니다.

그때, 단 한 명의 과학자만 이 계획에 회의적이었어요. 그는 '전형화'(어떤 부류의 사람들은 보통 어떠할 것이다, 하고 단정하는 것. 가령 '입술이 두툼하면 범죄자형', '뚱뚱하면 게으른 사람이다'라는 식의 단순화된 믿음)는 과학적인 근거도 없고 아무짝에도 쓸모없다고 생각했지요. 그래서 직접 조사한 뒤 평균치를 내 보기도 했어요. 그럴수록 '평균 같은 건 없다'는 확신이 강해졌지요. '과연 평균치인 조종사들이 있을까?'라는 의문을 품은 그는 조종석 설계상 가장 연관성이 높다고 판단되는 10개 항목의 평균값을 냈습니다. 그리고 조종사 개개인의 수치를 그 평균값과 일일이 대조해 보았지요. 과연 평균치에 들어맞는 조종사는 몇 명이었을까요?

아무도 없었습니다.

4천여 명 조종사 가운데서 평균치에 해당하는 이는 단 한 명도 없었습니다. 누구는 팔이 평균치보다 길지만 다리는 짧았고, 가슴은 넓지만 엉덩이둘레는 좁은 식으로 저마다 신체 조건이 달랐던 거예요. 평균치에 맞춘 조종석은 아이러니하게도 누구에게도 맞지 않는 결과를 낳았지요. 과학자는 평균치에 사람을 맞출 것이 아니라 조종석을 개개인에 맞춰야 한다고 제안했습니다. 결국 담당자들은 평균에 대한 집착을 버림으로써 조종사가 자기 몸에 맞춰 조절할 수 있는 시트를 만들어 냈고, 마침내 사고를 줄일 수 있었습니다. 평균적인 신체 치수 따위는 아무짝에도 쓸모없듯이, 평균적인 재능, 평균적인 성격 같은 것도 마찬가지 아닐까요?

"제발 중간만 해라."

"내가 많은 걸 바라니? 그냥 평균만 되어도 좋겠다는 거지."

"넌 왜 그렇게 유별나니? 그냥 보통 아이처럼 굴면 안 되겠니?"

많이 들어 본 말 아닌가요? 물론, 어른이 된다고 이런 말에서 자유로워지는 건 아니에요. 어른 버전의 '중간', '보통', '평균'의 기준이 있으니까요. 우리는 이러한 주변의 압박을 평생에 걸쳐 받습니다. 나는 나답게 살고 싶은데, 사람들은 튀지 말라고, 평균에 맞추라고 닦달합니다. 도대체 그 평균이자 보통의 삶이란 무엇일까요? '평균'이자 '보통'의 이미지를 누가 만들고 강요하는지 생각해 본 적 있나요? 혹시 특별한 사람들이 만든 건 아닐까요? 대다수가 '보통'이고 '중간'에 머물러 주어야 사람들이 자기의 위치를 선망하게 될 테니까요.

인권에서 강조하는 평등은 '똑같아지는 것'을 뜻하지 않습니다. 평균에 맞춰 최대한 같아지는 게 그 목적이 아니라는 말이에요. 평등은 우리 한 사람 한 사람의 고유성, 개인성에 동등한 관심과 존중을 요구하는 것입니다. 조종석 사례에서 보았듯이, 내가 평균치에 맞추는 게 아니라 주변 환경과 시스템이 나를 존중하도록 만드는 것이지요. 평균치에 맞춘 적성, 평균치에 맞춘 외모, 평균치에 맞춘 꿈이 아닌, 내가 가치 있고 소중하다고 여기는 것에 맞춰 자기다움을 만들어 갈 수 있게 해 주는 것이 평등입니다. 나의 고유함과 개성에 따라 삶을 살 수 있도록 공정한 기회와 자유로운 목표 지점을 보장하는 것이 평등입니다.

《이상한 나라의 앨리스》(루이스 캐럴 지음, 김경미 옮김, 비룡소, 2005)를 참고하여 구성

모두가 과자를 받는 게임

《이상한 나라의 앨리스》라는 소설은 어느 날 앨리스가 이상한 굴속으로 빨려 들어가 기묘한 모험을 하게 되는 이야기입니다. 왼쪽 만화는 갖가지 '기묘한 일'들 중 하나를 소개한 것이에요.

강물에 흠뻑 젖은 새가 다른 동물들에게 제안합니다. 젖은 몸을 말리기 위한 경주를 하자는 것이었지요. 힘껏 뛰다 보면 그 열기에 몸이 마를 테니까요. 그런데 경주 방식이 특이합니다. 일직선을 그어 놓고 같은 자리에서 동시에 출발한 뒤 결승선에 도착하는 순서대로 순위를 매기는 것이 보통의 경주 방식이잖아요? 그런데 이들은 경주 선을 동그라미로 그렸습니다. 동그라미니까 어디서 출발하든 상관없지요. 저마다 달리고 싶은 만큼 달리다가 언제든 원할 때 멈추면 됩니다. 경주에 참여한 동물들은 뒤죽박죽으로 달렸는데 경주가 끝나자 모두의 젖은 몸은 말라 있었지요. 그렇게 경주가 끝난 뒤 "모두가 이겼다"고 선언하고는 만족해합니다. 그러고는 앨리스에게 다가와서 상을 달라고 해요. 앨리스는 자기 주머니에 있던 과자를 모두에게 나눠 줍니다.

너무 싱거운 경주로 여겨지나요? 등수를 가리고 순위를 매기기 위해 경쟁하는 경주에서 모두가 상을 받다니 말이지요.

많은 사람이 평가에서 자유로울 수 없습니다. "고작 그것밖에 안 되니?", "다른 애들은 다 잘하던데……." 청소년만 평가받고 사는 게 아닙니다. 어른들도 늘 평가를 받고 있습니다. 부모를 비롯한 양육자들, 회사원들, 심지어 예술가들조차!

"부모 잘 만나는 것도 능력이야", "돈이 곧 능력이야", 이런 말들로 서로의 형편을 평가합니다. 비교와 비교, 평가와 평가, 경쟁과 경쟁, 이런 것들이 우리 삶에는 가득합니다. 이러한 경쟁의 결과로 누구는 상을 받고 누구는 벌을 받지요. 경쟁의 규칙은 공정하니까 경쟁의 결과로 생긴 불평등은 어쩔 수 없는 것이라고 말합니다. 과연 그럴까요?

'이상한 나라'에서의 '몸 말리기 경주'처럼 누구나 자신의 속도대로 즐겁게 달리고, 다 같이 상을 받을 수는 없는 걸까요?

모든 경쟁이 나쁘다는 것이 아니에요. 최선을 다해 기량을 겨루는 일은 서로에게 자극이 되고 성취감을 느끼는 충만한 경험이 될 수도 있어요. 문제는 특정한 경쟁력만 실력으로 인정하는 룰입니다.

만약 올림픽에 한 종목의 경기만 있다면 어떨까요? 신체적 조건이나 소질과 무관하게 모두가 오로지 한 가지 종목만 연습해야 하겠지요. 그렇게 되면 그 한 가지를 못 하는 사람들은 다른 재능이 있더라도 자신이 무능하다고 느낄 수밖에 없을 거예요.

비장애인만 올림픽에 참가할 수 있다면 '전 세계인'의 축제라 할수 있을까요? 또는 '너는 참가할 수가 없어'라고 자격을 인정하지 않거나, '네가 뭘 할 줄 알겠어. 낄 생각도 마'라고 비아냥거리면서 기대조차 하지 않는다면? 경쟁이 시작되기도 전에 탈락이 벌어지는 꼴이지요. 유감스럽게도 우리 주변에서 벌어지는 일이 이와 다르지 않습니다.

영어 수학 점수가 높은 것만 실력으로 치는 것, 성별이나 피부색 등을 따져서 고용이나 승진과 관련한 자격을 아예 주지 않는 것, 누구는 신발을 신고 뛰는데 누구는 맨발로 뛰어야 하는 상황처럼 경주에 참여할 수 있는 환경을 고루 보장해 주지 않은 채 오직 결과만 보는 것, 특정한 사람들에게만 경쟁을 허용하고 나머지 사람들은 들러리로 세우는 것, 경쟁만을 강조한 나머지 협력이나 배려 같은 가치들은 무시하는 것…… 이런 일들은 평등의 가치를 해칠뿐더러 경쟁의 의미마저 퇴색시킵니다. 출발점부터가 다르고 정정당당하지 못한 경주에서 이긴 사람을 진정한 승자라고 할 수 있을까요? 경주에 참여하지도 못한 사람을 패자라고 할 수 있을까요?

'모두가 과자를 받는 게임'은 모든 사람이 평등한 참여자가 되는 게임입니다. 저마다 원하는 경주에서 뛸 수 있습니다. 뛰고 싶지 않은데 억지로 경주할 필요도 없지요. 평등은 모든 사람의 동등한 참여를 전제로 하지만, 종목이 달라지면 세부적인 룰은 달라질 수 있습니다. 피겨스케이트의 룰과 축구의 룰이 다르듯이 평등 또한 맥락에 따라 다양한 룰이 있을 수 있지요. 정치적 평등은 누구나 목소리를 갖는 것이 룰입니다. 경제적 평등은 최약자의 인간다운 삶을 보장하는 조건하에 성과를 분배하는 것을 추구합니다. 사회적 평등은 우리 각자의 개성과 인격과 다양성을 존중하는 것입니다. 사회적 평등에서는 '똑같이'가 아니라 '다르게'를 추구합니다.

힘들이지 않고

철수는 부유한 집안에서 태어났습니다. 철수의 집은 쾌적합니다. 여름에는 시원하고 겨울에는 따뜻하지요. 서가에는 책이 가득 꽂혀 있고 냉장고엔 건강한 음식이 그득합니다. 철수의 부모님은 철수 교육에 열심입니다. "아이구, 우리 아들, 잘했네." 철수가 좋은 결과를 받을 때마다 칭찬을 아끼지 않습니다. 철수가 다니는 사립학교에는 훌륭한 선생님이 많고 친구들 역시 좋은 배경을 지닌 학생들뿐이죠. 교육 자재는 최상급이고요. 음악 시간이면 한 학생당 한 대씩 피아노를 놓고 수업을 합니다. 철수가 한 과목에서 만점을 놓치자 부모님은 실력 있는 과외 교사를 당장 수소문합니다.

영희의 가정 형편은 썩 좋지 못합니다. 집은 좁고 습하고 시끄럽습니다. 영희는 자주 감기에 걸리고 여기저기 아픕니다. 영희의 부모님은 돈을 버느라 항상 바쁩니다. 두 분 모두 종일 늦게까지 일을 하기 때문에 영희는 TV밖에 없는 집에서 홀로 시간을 보냅니다. 영희가 다니는 학교에는 도서관이건 체육시설이건 제대로 갖춰져 있지 않고, 학습 교구들도 망가지거나 고장 난 게 많습니다. 모든 학교가 똑같은 예산을 받는 게 아니거든요. 영희가 다니는 학교는 취업률에 따라 국가 지원비가 달라집니다. 선생님들 역시 너무 바쁩니다. 교직원은 모자라는데 잡무가 산더미라 다들 피로에 절어 있습니다. 행동이 거칠고 산만한 아이들이 많지만 주변의 관심과 돌봄을 받지 못합니다. 영희의 성적표에도 부모님은 별 반응이 없습니다. "그냥 졸업만 해도 되지 뭐"라고 하십니다.

철수는 4년제 대학에 합격합니다. 부모님이 학비와 용돈을 모두 대 주지요. 영희는 전문대에 입학했지만 서너 개의 알바를 하면서 겨우겨우 학업을 이어 갑니다. 그나마 학자금 대출로 등록금을 내고 있지요. 영희가 나중에 갚아야 할 빚입니다. 원래는 특성화 고교를 졸업하고 바로 취직하려 했지만, 막상 경험해 보니 어딜 가도 임금은 낮고 일은 위험하고 차별이 심해서 앞이 캄캄했습니다. 몇 년 고생하더라도 대학을 다닌 후에 다시 일자리를 찾기로 맘을 바꿨습니다.

철수가 졸업할 무렵, 아버지가 말합니다. "내 친구 회사에 인턴 자리를 부탁했으니 가서 경험 좀 쌓아라." 철수는 인턴을 하면서 아버지 친구를 만났습니다. "네가 철수구나. 공부 잘한다는 얘기 많이 들었다. 실력 발휘 기대해 보마." 철수는 대학원에도 가고 대출과 투자를 받아 스타트업 회사도 창업합니다. 아버지와 아버지 친구의 보증이라 대출과 투자에 어려움이 없었지요.

영희의 아버지는 산업재해를 당해 병원 신세를 지게 됩니다.

아버지가 말합니다. "내 병구완은 신경 쓰지 마라." 영희는 그럴 수가 없습니다. 학교를 중단하고 알바를 더 늘립니다. 돈을 빌리려 해도 영희에겐 불가능합니다. 아무것도 보증할 게 없었으니까요.

어느 날, 앞길이 탄탄대로로 펼쳐진 철수를 위한 파티가 성대하게 열립니다. 영희는 출장 파티 회사의 알바로 서빙을 합니다. 손님들이 철수에게 묻습니다. "네 성취의 열쇠는 무엇이니?" 철수는 자신만만하게 대답하지요. "열심히 노력한 덕분이죠. 전 쉼 없이 공부하고 일해 왔어요. 십 분도 허투루 쓰지 않았죠. 저는 노력 안 하고 불평만 하는 사람들을 혐오해요. 무상 복지 뭐 그런 말도 싫고요. 저는 쉽고 편하게 얻은 게 없으니까요." 영희는 접시를 든 채 성공한 사람들 사이에 서 있었습니다. 투명인간처럼.

위 이야기는 뉴질랜드 만화가 토비 모리스(Toby Morris)의 '특권'에 관한 짧은 만화, 〈힘들이지 않고(On a plate)〉의 내용을 토대로 한국 상황으로 각색해 본 것이에요. 읽으면서 어떤 기분이 들었나요?

이 이야기에서 말하고자 하는 건 철수와 영희, 개개인이 뭘 잘했고 잘못했는지 따지려는 게 아니에요. 둘 다 자기 나름대로 열심히 살았어요. 다만 타고난 운이 달랐을 뿐이지요.

철수는 4년제 대학을 나와 대학원에도 가고 아버지의 소개로 인턴도 밟고 스타트업 회사도 창업합니다.

영희는 전문대를 다니다 아버지가 편찮으셔서 알바를 더 늘리게 됩니다.

성공한 철수의 축하 파티가 열리는 날입니다. 영희는 이곳에 출장 알바를 왔어요.

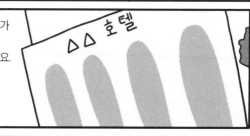

△△ 호텔

철수컴퍼니 주식 상장

네 성공의 열쇠는 무엇이니?

열심히 노력한 덕분이죠.

전 쉼 없이 공부하고 일해 왔어요. 노력 안 하고 불평만 하는 사람들 혐오해요.

영희는 투명인간처럼 서 있었습니다.

토비 모리스의 만화 <힘들이지 않고>를 참고하여 구성

그렇다면 여기서 우리가 생각해 봐야 할 것은 무엇일까요?

운을 평등하게 만들 수는 없습니다. 집안 환경, 소질, 외모, 능력 등 타고나는 조건을 모두가 똑같게 만들 수는 없습니다. 하지만, '운'이 기본적인 인권을 누리는 조건이 되어서는 안 되겠지요. 타고난 운이 불평등의 토대가 되는 사회 구조를 고쳐야 합니다. 특정한 노력만을 노력으로 인정하는 생각 또한 바꾸어야 합니다. 이렇게 하려면, '나는 특권을 누린 게 없다'라고 생각하는 사람들의 변화가 필요합니다. 특권을 부인하게 되면, 그 특권을 뒷받침하는 구조적 불평등을 무시하게 됩니다. 구조적 불평등을 무시하면, 영희 같은 사람들은 구조적 불평등의 피해뿐만 아니라 '노력하지 않았다'는 억울한 비난까지 짊어져야 합니다. 열심히 살았음에도 누군가가 "넌 공부를 열심히 하지 않았잖아?", "좋은 대학 나오지 않았잖아?"라고 추궁한다면 얼마나 억울하겠어요?

직접 누군가를 괴롭히고 의도적으로 차별하지 않더라도, '내가 이룬 건 전부 내 노력 덕이야', '실패한 사람들은 못나고 노력 안 해서야'라고 단정적으로 못 박는 그 생각 자체가 불평등한 상황에 있는 사람들을 겨냥하는 폭력이 될 수 있습니다.

다양한 척도

코로나19 감염자가 치솟을 때 선별 진료소의 줄은 하염없이 길었지요. 불안하고 조급한데 오래 기다리다 보면 다들 신경이 곤두서게 됩니다. 그때 줄을 서지도 않은 사람들이 먼저 검사를 받는 게 보입니다. "아, 뭐냐고. 여태 줄 서서 기다렸는데, 왜 저 사람들이 먼저 검사받아!" 몇몇 사람들이 불평합니다. 진행 요원이 대답했습니다. "저분들은 소방관입니다. 그래서 순서에 상관없이 먼저 검사받는 겁니다." 대부분 사람들이 바로 납득했어요. 납득하고 동의한 사람들 생각은 같았을 거예요. '소방관은 비상 대기해야 하는 분들이고 언제 응급환자를 맞닥뜨릴지 모르니 우선으로 검사를 받아야겠지.' 그건 소방관 개인을 위한 것이 아니라 우리 모두를 위한 것이기도 하다고 말이지요. 그런데 유독 한 사람이 계속 소리를 질렀습니다. "지금 불난 것도 아닌데 왜 먼저 하는 거야?"

또 다른 상황을 생각해 봅시다. 늦은 밤, 기차역입니다. 마지막 열차에서 내린 사람들이 택시 정류장으로 몰려갑니다. 버스와 지하철이 이미 끊긴 시간이기 때문이에요. 날은 춥고 다들 빨리 집에 가고 싶어 합니다. 그런데 택시는 간간이 오고 줄은 길기만 합니다. 그때 할머니 한 분이 손짓을 해서 줄 중간쯤에 서 있던 어린아이와 엄마를 자기 앞으로 서게 합니다. "아기랑 엄마가 먼저 가야지." 할머니 뒤에 서 있던 사람들은 조금씩 물러나 줍니다. 그게 옳다고 생각해서이지요. 그때 뒷줄에 있던 어떤 사람이 성난 목소리로 "새치기하지 마세요!"라고 외친다면, 아이와 엄마는 어떤 생각이 들까요?

휠체어를 탄 사람이 지하철역 엘리베이터 앞에서 하염없이 대기하고 있습니다. 엘리베이터가 올 때마다 비장애인들이 재빠르게 엘리베이터에 올라탑니다. 휠체어가 비집고 들어갈 공간이 남지 않습니다. 원래 이곳의 엘리베이터는 교통 약자를 위해 설치된 것인데 말이에요. 기다리다 못해 휠체어를 탄 사람이 "저 먼저 타면 안 될까요?"라고 부탁하자 "줄 서세요!"라는 야멸찬 답이 돌아옵니다.

'줄 선 대로'를 다른 말로 하면, 똑같이, 또는 응분(應分, 어떠한 분수나 정도에 알맞음), 균분이라고 할 수 있습니다. 어떤 상황에서는 '하는 거 봐서', '똑같이 나누어서'가 맞을 수도 있지만, 어떤 상황에서는 그렇지 않습니다. 편의 시설을 이용할 때, 재난 시에 우선순위는 달라질 수 있어요. 다르게 대우한다고 평등의 원칙을 해치는 게 아닙니다.

모든 사람이 똑같이 귀하고 동등하게 존중받아야 한다는 것이 평등의 대원칙이자 대전제입니다. 평등의 원칙이자 전제에서 나온 물은 여러 갈래로 흐르지요. 갈려 나온 물줄기는 저마다의 지형 특성에 따라 다른 모양새로 흘러갑니다. 가령 정치적 평등, 사회적 평등, 경제적 평등, 법적 평등은 각각 고려해야 할 바가 다를 수 있지요. 각각의 평등을 보장하기 위해 누가 얼마만큼의 부담을 져야 하는지 토론하고 논쟁할 수 있습니다. 특정 부류의 사람들에게 권리가 쏠리거나 의무가 지나치게 부여되지 않도록 조정하고 조절할 수 있지요.

스포츠 시설에 대한 지원, 농어촌 학생 지원을 생각해 볼까요?
장애인도 스포츠에 참여하고 운동을 즐길 권리가 있습니다. 그러려면 여러 장애에 맞춰 이용 가능한 스포츠 시설이 마련되어야 하지요. 공공 스포츠 시설에 장애 접근권을 높이려면 별도의 자원을 투입해야 합니다. 비장애인의 체육 시설에 비해 더 많은 자원이 요구될 수 있지요. 이때 자원을 더 투입한다고 해서 불평등한 것은 아닙니다. 장애와 상관없이 모든 사람이 스포츠를 할 수 있는 권리의 평등이 중요한 거니까요.
농어촌 지역은 대도시 지역에 비해 다양한 경험과 공부를 할 수 있는 자원이 부족합니다. 문밖을 나서면 도서관, 박물관 등 온갖 문화 경험을 할 수 있는 환경과 애써 찾아보고 멀리 이동해야만 문화를 경험할 수 있는 환경은 다를 수밖에 없습니다. 농어촌 청소년에게 공공의 재정을 투입하여 문화 시설을 마련하는 것은 모든 학생과 청소년이 생의 중요한 시기에 비슷한 경험과 기회를 맛볼 수 있도록 하기 위한 것입니다. 이때 필요한 자원은 공공의 재정, 즉 모든 시민이 자기 형편에 맞게끔 낸 세금으로 마련합니다.

교차되는 불평등

우크라이나에서 독일로 이주한 소녀가 있습니다. 슈퍼마켓에서 가공육을 파는 엄마와 화물 트럭 운전을 하는 아빠는 열심히 일하며 소녀를 사랑으로 키우고 있지요. 그런데 어느 날 소녀는 이주민을 비난하는 목소리를 듣게 됩니다. "우리 세금으로 그들을 먹여 살리는 건 정말이지 말도 안 돼." "그 사람들은 이곳에 와서 뭐든지 악착같이 얻어 내는데, 우리가 죽어라 일해서 번 돈은 그들한테 쓸 세금으로 다 나가잖아!" "그 사람들이 다 자기네 나라로 돌아가면 좋겠어. 우리나라에 외국인은 필요 없어."

소녀는 아픈 맘을 숨기고 의사가 되어 그 사람들을 치료하겠다는 일념으로 열심히 공부합니다. 시간이 흐르고, 소녀는 가장 우수한 학생들만 뽑는다는 명문 학교로부터 입학 제안을 받습니다. 뛰어난 실력 때문이었죠. 그러나 그게 불행의 시작이었습니다. 학교는 훌륭했지만 학생들은 그렇지가 않았던 것이지요. 부유한 집안의 같은 반 아이들은 소녀를 업신여겼습니다. 소녀의 옷이 싸구려 매장에서 산 것이라며 놀렸고, 소녀 엄마가 학교 기숙사에서 청소 일을 한다는 것을 알고 청소부의 딸이라며 따돌렸습니다. 아이들은 잔인해지기 위한 경쟁을 하는 것 같았습니다. 휴대전화 메시지 등 사이버 공간으로 옮겨지면서 괴롭힘은 더 지독해졌지요. 소녀의 상처 또한 점점 깊어졌습니다. 결국 병원 치료를 받아야 할 지경에 이르렀어요. 의사 선생님은 말했습니다. 그런 식의 정신적인 폭력은 소량의 독이 담긴 음식을 매일 먹는 것과 같다고. 한두 번은 몸이 정화해 낼 수 있지만 독이 오랫동안 몸속에 쌓이면 결국 쓰러질 수밖에 없다고요. 의사 선생님 말처럼 소녀는 지속적인 괴롭힘과 멸시에 쓰러지고 말았지요. 소녀가 회복하는 데에는 인내심을 갖고 오랜 시간 지켜봐 줄 사람이 필요했어요. 소녀는 말합니다. "무조건 자기편을 들어 주는 사람, 우는 모습을 마음 놓고 보여 주어도 괜찮은 사람이 없다면 누구든 끝장이다."

이 이야기는 독일 작가 브리기테 블로벨의 소설 《못된 장난》의 내용입니다.

신호등이 없는 건널목에 서 있다면, 양쪽을 열심히 살펴서 건너더라도 위험할 겁니다. 사방으로 차가 씽씽 달리는 교차로를 신호 없이 건너려면 위험은 더욱 커지겠지요.

교차로를 우리가 놓여 있는 사회적 관계로 생각해 봅시다. 《못된 장난》의 주인공 소녀는 이런 교차로에 서 있습니다. 이주민이라는 배경, 가정 형편, 부모님의 직업, 여자아이에게 요구되는 외모나 옷차림 등 소녀를 괴롭힌 것은 한둘이 아닙니다. 차별하고 혐오하는 사람들은 한 가지 이유만으로 그렇게 하지 않거든요.

백인 중심 사회에서는 흑인들이 차별받습니다. 성차별 사회에서는 여성이나 성소수자들이 차별받습니다. 그렇다면 흑인 여성은 어떨까요? 흑인 여성은 흑인으로서 받는 차별과 여성으로서 받는 차별을 같이 겪습니다. 이 차별은 단순히 인종차별에 성차별이 더해지는 게 아니라 '흑인 여성'에게만 해당하는 고유한 문제를 낳습니다.

《못된 장난》의 표적이 된 소녀는 이주민, 여성, 가난한 형편 등 여러 가지 중첩된 차별을 받습니다. 여기서 눈여겨볼 점은 갖가지 차별의 중첩만이 아니라, 다양한 사회적 관계입니다. 차별은 소녀를 괴롭힌 개별 학생과의 관계만이 아니라 그 학생과 학교를 둘러싼 여러 사회적 관계와도 관련이 있습니다.

여성 청소년이 받는 차별은 나름의 고유성이 있습니다. 장애 청소년이 받는 차별 또한 그렇지요. 우리는 하나의 정체성만으로 살아가지 않으니까요.

나의 말과 행동이 누구에게 차별이 되는지, 언제 차별이 되는지, 차별은 어떤 식으로 해결될 수 있는지 등 차별에 대해 깊고 세심하게 생각하는 것으로 우리는 평등에 기여할 수 있습니다.

내 친구의 목소리는 어디에

'수능 추위'라는 말이 있죠. 입시철이 다가오면 '수능 한파' 이 야기가 기상 예보에 빠지지 않고 등장합니다. 교통 상황도 수능 입시를 고려합니다. 시민들더러 가급적이면 대중교통을 이용하라고 권하고 회사원이나 공무원의 출근 시간을 늦추기도 합니다. 라디오에서는 또 어떤가요? 이 무렵 디제이가 읊어 주는 사연들은 하나같이 수능시험 공부하느라 고생한 우리 자식 또는 우리 부모에 대한 이야기들과 각종 응원의 메시지들이지요.

수능 즈음엔 광고마저 달라집니다. 수험생을 위한 특별 할인 이벤트가 펼쳐집니다. 수험표를 가져오면 무료로 머리를 잘라 주는 미용실도 있습니다. 식당가에서는 수험생을 위한 특판 메뉴를 만들어 전단을 뿌리기도 하지요. 그뿐인가요? 영어 듣기평가 시간에는 비행기의 이착륙조차 금지합니다.

그야말로 온 나라가 야단법석이지요. 그런데 그런 야단법석에 속하지 않는 사람들의 목소리는 들리지 않습니다. 동생들 공부 시키느라 자신은 공부를 포기했던 누군가는 수능 날이면 울적해져서 부모님 산소를 찾아가 "나도 공부하고 싶었는데" 하고 한바탕 울고 온다고 했습니다. 수능 특수를 누리는 식당가에서 종일 수험생을 응원하는 방송을 들으며 일하는 청소년도 있습니다.

공장에서 일하는 사람들에게도, 불안하고 추운 밤을 버티며 거리를 헤매는 청소년에게도 오로지 수험생들만을 위한 하루가 흘러갑니다.

평등은 모두가 똑같이 되라는 것이 아닙니다. 감춰지고 숨겨진 목소리를 찾아내고, 다른 목소리도 공존할 수 있도록 하는 것이지요. 수험생을 응원하는 것만큼 대학 진학 대신 다른 삶을 선택했거나 선택할 수밖에 없었던 청소년을 응원하는 제도와 이벤트도 있어야 하지 않을까요? 수능 날 시험을 보지 않거나 볼 수 없는 이들은 지워 버리고, 침묵하도록 하는 문화는 하루 동안의 이벤트로 그치는 것이 아닙니다. 시험 점수에 따른 사회적 위치의 배정과 차별이 정당하다는 인식을 강화하지요.

더 공부하고 싶은 사람은 얼마든지 공부할 수 있고, 다양한 재능이 공동체에 기여할 수 있는 사회, 출세로서의 공부가 아닌 의미 있는 학문과 연구가 격려받는 사회, 학교를 통한 공부만이 아니라 다채로운 배움과 기회가 인정받는 사회를 위해서는 수능시험 날 지워진 목소리, '수험생이 아닌 내 친구의 목소리'가 어디에 있는지 찾는 노력이 필요하지 않을까요?

평등의 대원칙은 모든 사람을
똑같이 귀하게 여겨야
한다는 것입니다.

이 말은 모두가 똑같아지는 것이 아니라

오히려 다르다는 것을 받아들이는 거예요.

모든 어린이가 똑같이 부모님과 사는 것이 아니고

모든 청소년이
대학에 가는 것이 아니고

모든 연인이나 커플이 이성애자인 것이 아니고

모든 사람이 비장애인이 아니지요.

'같음'을 강요하는 사회에서 보이지 않는 사람들을 불러내고

저마다의 차이가 함께할 수 있게 만드는 것.
그것이 평등입니다.

목소리를 찾아서

장애운동가 주디스 휴먼의 자서전 제목은 《나는, 휴먼》입니다. 주디스 휴먼은 생후 18개월에 겪은 소아마비로 인해 휠체어에 의지하게 되지요. 휠체어를 탄다는 이유로 다섯 살에 학교 입학을 거부당하면서 장애인의 권리를 위해 평생에 걸쳐 투쟁을 이어 갔습니다. 그중 한 투쟁이 100명이 넘는 장애 동료들과 샌프란시스코 연방 정부 건물을 24일간 점거한 끝에 보건교육복지부 장관의 재활법 개정안 서명을 받아 낸 것이지요. 이 법안의 골자는 '연방 정부의 재정 지원을 받는 기관 및 프로그램이 장애인을 차별하는 것을 금지'하는 것이었습니다.

이 농성에서 인상적인 장면 가운데 하나는 농성에 참여한 모든 사람이 함께 회의하는 모습입니다. 휠체어를 탄 장애인, 말하는 게 어려워 탭과 포인트 같은 보조 도구로 소통해야 하는 뇌성마비 장애인, 수어를 쓰는 청각 장애인 등 다양한 신체가 함께했지요. 시위자가 모두 모이고 수어 통역사들이 준비되기 전까지는 회의를 시작하지 않았고, 모두가 발언할 기회를 얻기 전까지는 회의를 끝내지 않았습니다. 회의가 얼마나 길어지든 누구도 문제 삼지 않았고, 서로 경청하고 함께 결정하는 게 중요했습니다. 그런 과정을 거쳐서 농성 참여자들의 목소리를 모두 담아낸 것이 투쟁을 승리로 이끈 힘이었답니다.

모두가 서로 달랐고, 교차하는 정체성을 가졌지만, 그런 차이를 통해 서로 연결되는 법을 배울 수 있었습니다. 서로 힘들게 소통하면서 각자 원하는 바가 모두가 원하는 바와 연결되어 있다는 사실도 알게 되었지요. 서로 경쟁하여 내 몫을 늘리고 쟁취하는 것은 불평등의 판을 만들어 낸 사람들과 다를 바 없는 접근이라는 것 또한 깨달았습니다. 이들은 불리한 차이와 소수자 정체성을 버리고 나도 '비장애인들의 세계'에 '끼워 주세요'라고 애원한 것이 아니라, 이건 나의 정체성이라고 당당하게 외치며 나의 차이를 불리하고 위험하게 만드는 사회가 문제라고 분명히 알렸습니다. 우리의 차이를 불리하게 만들고 차별하는 사회적 제도와 법을 고치자는 것이 농성의 목적이었으니까요.

평등을 추구하는 사람들은 각자의 차이를 있는 그대로 소중하게 대합니다. 차이를 뜯어고쳐서 현 시스템에 받아들여지기를 바라는 것이 아니라, 차이를 차별하는 세계를 뜯어고쳐서 이 세계가 나의 차이와 정체성을 받아들일 것을 요구하는 것, 그것이 바로 평등의 이상(理想)에 이르는 길입니다.

고등학생 때, 저는 미술반에 들어가고 싶었어요. 미대를 준비하는 친구들은 학원에 다녔는데 저는 그럴 형편이 안 되어서 학교 미술반에서 그림을 배우고 싶었어요.

그래서 미술선생님과 면담을 했어요.

이 얘기를 들은 친구들이 미술선생님께 건의했어요.

덕분에 미술반에 들어가 미술 기초를 배울 수 있었어요.

많은 돈을 들여 해 왔던 전시회도 사라졌지요.

미술반은 우리 학교 학생이라면 누구나 들어갈 수 있는 동아리가 되었어요.

연대

연대는 친하고 잘 아는 사람들끼리 뭉치는 것이 아니라,
타자들이 어울려 살아가는 사회에서 필수적인 가치랍니다.
갈등하는 사람들, 서로 이질적인 사람들 사이에서
추구하는 게 연대입니다.

우리는 하루 동안에 수많은 사람과 마주칩니다.

집에서
버스에서
학교에서
분식집에서
길에서요.

하지만 직접 만나지 못한 사람들이 훨씬 많지요.

내가 탄 버스를
정비한 사람

학교를
청소한 사람

내 운동화를
배달해 준 사람

내가
지나간 길을
정비한 사람

나의 오늘은
수많은 사람과
연결되어 있어요.

정말 놀랍지 않은가요. 잘 알지도 못하는
사람에게 우리가 의존하고 살아간다는
사실 말이에요.

길을
가는
사람

길을
만든
사람

우리는 모두 타자예요

우리는 모두 서로에게 타자입니다. 나와 아무리 친한 친구라도, 그 사람은 내가 아니고 나와는 '다른' 사람이지요. 그리고 내 친구는 또 다른 누군가의 타자입니다. 그러니까 타자의 타자인 셈이지요. 가깝거나 멀거나, 친밀하거나 낯설거나 모두가 서로에게 타자입니다. 우리는 누군가의 타자로서 타자들을 만나고 겪으며 하루하루를 살아가지요.

타자들끼리 맞닥뜨리며 살아간다는 것은 인간 공통의 조건인데, 어떻게 타자를 생각하고 대하느냐에 따라 사회의 모습은 저마다 아주 다르답니다. 서로의 개성을 북돋우면서도 잘 어우러지며 사는 사회가 있고, 우당탕 쌈박질이 끊이지 않고 강자가 약자를 괴롭히고 약자 위에 군림하는 사회도 있지요. 그 차이는 어디서 생기는 걸까요?

크게 두 가지 경우를 생각해 볼까요?

첫째, 타자를 볼 때, 그 사람 또한 나처럼 고유한 개성이 있는 사람이라고 생각하지 않고 '쟤들은 아마 그럴 거야'라면서 정해진 틀에 꿰맞춰서 생각하는 경우입니다. 어떤 사람을 구체적으로 겪어 보기도 전에 그 사람에 대한 판단을 먼저 해 놓는 것이지요. '먼저' 생각하는 것을 '선입견'이라 하고, 정해진 틀에 사람을 끼워 놓고는 바꾸려 하지 않는 것이 '고정관념'입니다. 선입견과 고정관념이 지배적인 사회에서는 타자가 나와 '같은' 사람이면서 서로 '다른' 개성을 가진 존재로 여겨지지 않고, 나 이외의 '나머지' 사람들로 치부되어 버리지요. 나와 '다른' 사람이라는 것과 나 말고 '나머지들'이라는 것 사이에는 큰 차이가 있답니다. 나와 다른 사람들과는 연대할 수 있지만, '나머지들'과는 연대가 이루어지기 어렵습니다. 오히려 두려워하거나 깔보거나 껄끄러워하면서 멀리하게 되지요.

둘째, 타자를 대할 때 그 또한 나와 같은 사람이라고 생각하는 경우입니다. 이러면 내가 받고 싶은 대접대로 그 사람을 대우할 수 있습니다. 판단은 행동과 연결되니까요. 내가 초면에 반말을 듣기 싫다면, 나 또한 타자에게 반말을 하지 않겠죠. 내가 적대적인 행동과 무시를 받고 싶지 않다면 타자에게도 그렇게 할 거예요. 이와 반대로 타자는 나와는 절대적으로 다르고, 나는 절대로 그 사람처럼 되고 싶지 않고, 결코 가까이 가거나 친해지고 싶지 않다고 여기는 경우라면 그 사람을 되도록 나와 떨어뜨리는 데 집중하게 되겠지요. 그 사람과 뭐든지 같이하고 싶지 않으니까 어떻게든 구분하여 따로 취급하려 합니다. 식당도 학교도 사는 곳도 교통 시설도 섞이지 않길 바랍니다. 나한테는 당연한 권리이지만, 그 사람에게는 가당치 않은 혜택이라 생각하고 결사적으로 반대합니다.

모두가 서로에게 타자인 건 같지만, 타자를 생각하고 상상하고 대하는 방식에 따라 사회의 모습도 아주 달라질 수 있음을 알 수 있지요.

얼음으로 덮인 시베리아의 툰드라나 광활한 사막과 초원에 사는 사람들에게는 누구나 공유하는 규칙이 있다고 해요. 자기 천막을 찾아오는 사람이 누구이건 맞아들여서 먹을 것과 쉴 곳을 제공해야 한다는 규칙입니다. 바깥이 얼음 천지이거나 물 한 모금 얻기 어려운 사막일 때, 천막을 찾아온 사람에게는 그곳이 유일한 피난처일 수도 있습니다. 천막에 받아들여지지 않는다는 것이 곧 죽음을 의미할 수 있는 것이지요. 타자만이 아니라 나 역시 그런 운명을 공유합니다. 나도 그곳에서 살아가면서 이동하다가 길을 잃거나 무리와 동떨어질 수 있으니까요. 제일 먼저 눈에 띈 천막에 가면 그게 누구의 천막이든 간에 나를 맞아 줄 것이라는 믿음이 유목민 사회를 지탱합니다.

시베리아나 사막에 살고 있지 않지만 우리 또한 다르지 않습니다. 모두가 타자인 사회에서 어떻게 해야 우리는 안심하고 살아갈 수 있을까요? 나는 내가 익숙한 곳에서만 생활하지 않습니다. 이곳에서는 내가 토착민이지만, 이주하여 다른 곳에 가게 되면 낯선 이방인이 됩니다. 우리 동네에서는 나를 받아들여 주지만, 다른 곳에 가면 나를 경계할 수도 있지요. 모두가 타자인 우리에게 필요한 것은 서로가 어느 천막에 찾아들든지 위험을 피하고 쉴 수 있도록 배려하는 사회일 거예요.

다시 말하지만, 우리는 모두 서로에게 타자입니다. 타자를 어떻게 생각하고 대하느냐, 타자에게 어떤 타자가 되느냐에 따라 삶의 모습은 아주 달라집니다. 연대는 친하고 잘 아는 사람들끼리 뭉치는 것이 아니라, 타자들이 어울려 살아가는 사회에서 필수적인 가치랍니다. 사람은 누구나 무시당하고 있는 때를 아는 것처럼 자신이 존중받고 있을 때를 압니다. 존중받고 있다고 느낄 수 있는 환경을 만드는 것, 그것이 연대입니다.

자기와의 연대

어느 날 친구가 제게 작은 인형 하나를 선물해 주었습니다. 가방이나 핸드폰에 매달고 다녀도 될 정도의 작은 크기로, '걱정 인형'이라고 부른다고 했어요. 뭔가 걱정되고 누가 미워질 때, 그 인형에게 화풀이하라면서 건넸지요. 솜뭉치일 뿐이지만, 사람 형상을 하고 있는 인형에게 욕을 하거나 분풀이하자니 맘에 걸렸습니다. 그렇게 하고 싶지 않았습니다. 그래서 '걱정 인형'이 아니라 '애착 인형'으로 이름을 바꿨습니다. 걱정되고 힘들 때마다 속마음을 털어놓고 인형을 쓰다듬기로 했지요.

모든 사람은 서로에게 타자라 했지요. 멀리 갈 것 없이 나 자신에게조차 내가 타자일 때가 있습니다. 저는 홀로 있을 때도 스스로와 대화하곤 해요. 여러분도 자신 안에 여럿의 자기가 있다고 느낄 때가 있을 거예요. 내 안에서 서로 다른 내가 다투기도 하고, 내 안의 내가 나를 다독이기도 합니다.

내 안에 내가 너무도 많은데, 가끔 내 안에 있는 또 다른 나를 나 스스로 미워하고 싫어할 때가 있어요. 뱃살이 늘어나는 내가 싫다, 공부하기로 다짐해 놓고 잠들어 버린 내가 싫다, 선천적 혹은 후천적으로 장애가 있어서 거동이 불편한 내 몸의 결함이 싫다, 친구의 어떤 점을 질투하고 있는 내가 싫다, 나의 형편과 처지가 초라해서 싫다, 사회 속 다수자의 피부색과 다른 내 피부색이나 다른 가족 구성이 싫다, 혹은 나한테 주어진 성별이 싫다 등등 여러분도 자신의 어떤 부분을 싫어한 적이 있을 거예요. 싫으니까 멀리하고 싶어집니다. 이럴 때 내 안에 있는 나를 낯선 타자처럼 다루게 되지요. 내가 나를 싫어하고 못살게 구는 일은, 낯선 타자를 대접하지 않고 내쫓는 것과 다르지 않은 일이에요. 이럴 때, 나는 나를 배척하고 있는 것입니다.

'나는 내가 싫어'라는 말을 좀 더 풀이해서 써 보면, '나는 내 안에 있는 타자가 싫어'가 됩니다. 여기서 '타자'란 내가 되고 싶지 않은 상태나 성질을 뜻합니다. 내 안의 타자를 싫어하는 마음이 극단적으로 치닫게 되면 혐오나 증오가 됩니다.

연대는 타자에 대한 인정에서 출발합니다. 아무리 낯선 타자라도 나와 '같은' 사람인 동시에 나와는 '다른' 고유함과 개성을 지닌 존재라고 보는 것이 타자에 대한 인정이에요.

내 안에 있는 또 다른 나를 싫어하고 배척하는 것은 타자를 인정하지 않고 타자를 배척하는 일과 다르지 않답니다. 자기를 인정하지 않는 사람이 타자를 인정하기는 힘들 테니까요. 연대는 타자에 대한 동등한 인정에서 출발해요. 그렇다면, 모든 연대는 내 안의 '타자'에 대한 인정, 못난 것도 싫은 것도 이 또한 나 자신이라는 인정에서 출발하는 것 아닐까요? 못나거나 싫은 것이 근거 없는 편견이나 혐오에 의한 것이라면, 더더욱 나를 인정해야 합니다. 연대는 내 안에 있는 타자에게 손 내밀기, 자기와의 연대에서 출발합니다.

연대는 권리를 인정하고 보장하는 것

옛이야기에는 아기가 태어났을 때 축복의 선물을 하는 장면이 자주 나오지요. 아기의 탄생은 이 세상에 '우주' 하나가 새롭게 생겨나는 일이고, 한 사람이 세상을 떠나는 것은 하나의 '우주'가 사라지는 것과 같은 사건입니다. 그런데 사람들은 탄생에 대한 이야기는 많이 만들면서 다른 얘기는 별로 하지 않지요. 남들이 좋아할 만한 외모, 성격, 재능 같은 것은 변덕스러워요. 질병, 사고, 노화, 장애 등으로 변할 수 있고, 타자의 애정과 호의 역시 언제든지 바뀔 수 있으니까요.

어떤 상황이 되든, 어떤 변화가 있든 같은 사람으로서 인정받고 존중받을 수 있으려면, 권리가 필요합니다. 권리는 사람들이 서로에게 선물한 것이에요. 서로 타자인 우리가 무조건으로 서로를 인간으로 대하자는 약속으로 말이지요. 그런데 권리에 대한 약속은 저절로 지켜지지 않습니다. 세계인권선언, 유엔아동권리협약, 헌법 등에는 권리에 대한 약속이 빼곡합니다. 하지만 어떤 사회에서는 그 약속이 잘 지켜지고 어떤 사회에서는 무시되지요. 그런 차이를 만드는 것이 그 사회 구성원들의 연대입니다. 연대가 잘 이루어지는 사회에서는 권리도 잘 지켜집니다. 하지만 반대의 경우에는 그렇지 않습니다. 권리는 연대를 먹고 자란답니다.

예를 들어, 나에게 나를 무척 아끼는 친구가 있다고 해 보죠. 나는 휠체어 사용자인데, 보도에 높은 턱이 나타나면, 친구가 휠체어를 힘껏 밀어 주곤 합니다. 친구가 없을 때는 당황스럽지요. 누군가가 없더라도 내 힘으로 휠체어를 움직일 수 있으려면 턱이 없는 도로 설계가 필요해요. 이런 것이 권리입니다.

타자로부터 애정을 얻는 것은 좋은 일이지요. 하지만 그보다 우선되어야 할 것은 권리에 대한 존중이에요. 내가 어떤 상태에 놓여 있든지 간에 변함없이 나를 인간으로서 대우해야 하는 것이 권리 중의 권리인 인권의 약속입니다. 만약 내가 부당한 멸시와 모욕을 받는 상황이라면, 누군가 날 위해 "그건 권리 침해야!"라고 지적해 줄 수 있는 기준이 인권입니다. 또 내가 부당한 일을 당할 때 참지 않고, "이건 내 권리를 침해하는 일이니까 하지 마" 또는 "싫다(No)"라고 당당하게 말할 수 있는 근거가 인권이지요.
　누군가 타자의 권리를 침해할 때 '그러면 안 돼'라고 개입하는 것, 타자의 권리가 위태로울 때 '함께 지켜야지' 하고 힘을 보태는 것이 연대랍니다.

공짜 밥이 아닙니다

어디에 사는지에 따라 약간 차이는 있지만, 2022년 현재 한국의 초중고 대부분에서는 무상 급식이 이뤄지고 있습니다. 일부 지역에서는 유치원에도 무상 급식이 도입되었습니다. 많이들 오해하고 있는데, 여기서 '무상'은 공짜란 뜻이 아니랍니다. 아동이 돈을 내지 않을 뿐, 사회의 다른 구성원들이 연대하여 낸 돈으로 공동의 자원을 마련했으니까요. 그러니까 무상 급식은 공짜 밥이 아니라 연대로 함께 먹는 밥이라 할 수 있습니다.

연대는 존중하는 마음과 관계로도 표현할 수 있지만 모두가 경험할 수 있는 구체적인 제도로 만드는 게 더 효과적이에요. 무상 급식 같은 제도가 대표적이지요. 공공 교통, 공공 의료, 공공 교육, 공공 주거…… 이런 것들이 모두 사회적 연대를 구체적인 제도로 만든 결과물이랍니다. 이 모든 것을 개인의 돈으로 해결해야 하는 사회일수록 살기가 팍팍하겠지요. 그런 것에는 '공공'이라는 말을 붙일 수가 없습니다.

'무상 급식'을 이미 누리고 있는 여러분은 이 제도가 원래부터 지금 같은 형태로 있었다고 생각할지 모르지만, 그렇지 않습니다. 한국에서는 물론 다른 나라에서도 이 제도는 아주 울퉁불퉁한 험한 길을 걸어왔답니다.

가령 영국 같은 나라는 전쟁을 겪으면서 무상 급식을 실천하게 되었어요. 영국은 산업혁명을 가장 먼저 시작한 나라로, 일찍이 큰 번영을 이루었지만, 내부에서는 빈부 격차 문제가 심각했어요. 그중에서도 굶주리는 아동 문제가 컸지요. 19세기 말, 런던의 학교 위원회가 조사해 봤더니 10명 중 1명 이상의 아동이 늘 굶주리고 있고, 학교 급식을 받을 수 있는 아동은 그중 절반이 못 되었습니다. 굶주린 아동은 건강이 나빠져 여러 질병과 체력 저하 문제를 겪고 있었지요. 그렇게 자란 아동이 성년기가 되자 3분의 1 이상이 체력과 체격 미달을 보였습니다. 나라는 부유한데, 가난한 사람이 많고 그중에서도 아동들이 최악의 고통을 겪는다는 사실에 사람들은 충격을 받았어요. 생각을 바꿔야 했습니다. '가난해서 굶는 것이니 자선단체가 지원해 주면 되는 것이지, 교육과 급식이 무슨 상관이 있느냐?', '정부 돈으로 무상 급식을 실시하는 것은 국가 재정에 부담이 되니까 안 된다'는 게 오래된 생각이었거든요.

하지만 새로운 생각이 여기저기서 나오기 시작했어요. '국가가 의무교육을 실시한다면, 의무교육을 받는 학생들에게 식사를 제공할 의무도 국가에게 있다', '모든 아동은 보호자의 형편과 상관없이 양질의 음식을 먹을 권리가 있고, 그 권리를 보장하는 것이 보편적인 인권을 존중하는 사회의 기본이다', '잘 먹지 못한 아동은 공부에도, 놀이에도 집중하기 어렵다. 잘 먹는 것은 아동 인권의 출발점이다', '서로 다른 배경의 아동들이 한 식탁에 둘러앉아 같이 식사하는 것은 시민 됨과 사회적 연대를 훈련하는 기본이다'……. 이런 생각들에 대한 공감이 늘어나면서 아동 급식 지원이 점점 늘어났습니다.

특히 제2차 세계대전이라는 위기와 전쟁을 겪으면서, '이 어려운 시기에 함께 힘을 합쳐 아이들을 지켜야 한다'는 공감이 커졌지요. 그래서 아동에 대한 보편적인 급식을 우선으로 추진하게 되었어요. 하지만 전쟁이 끝나고 나니 예전의 반대 의견들이 되살아나기도 했어요. 시민들이 어떤 생각을 공유하는지에 따라 학교 급식이 늘었다 줄었다, 또는 그 질이 낮아졌다 높아졌다 하기를 오갔지요. 정부 돈으로 학교 급식을 제공하더라도 싼 가격의 질 낮은 가공식품 위주로 제공하는 것과 건강하고 친환경적인 식재료를 사용하는 것은 다릅니다. 아동의 형편과 상관없이 누구나 좋은 질의 급식을 먹을 수 있도록 하는 시민사회 운동은 여전히 계속되고 있답니다.

한국에서도 비슷한 과정이 있었습니다. 지금의 여러분은 상상이 잘 안 되겠지만, 학교 급식이 없던 시절엔 집에서 도시락을 싸가야 했어요. 그런데 누가 도시락을 싸야 했을까요? 주로 엄마들이 새벽밥을 지어 싸야 했지요. 도시락 싸기는 결코 쉽지 않은 고된 일이에요. 도시락을 싸 줄 사람이 없는 경우, 엄마를 포함한 보호자가 일하러 나가야 하는 경우, 반찬을 비교 당할까 봐 마음 졸이는 경우 등 아이들이 처한 상황에 따른 어려움도 많았지요. 그런데 학교 급식을 하자고 하니, '엄마의 정성이 빠진 밥을 아이들에게 먹여서는 안 된다'는 반대 의견들이 많았어요. 엄마들의 고충과 도시락 싸기 노동의 불평등은 고려조차 되지 않았어요. 정성은 고사하고 엄마가 없거나, 도시락을 직접 싸야 하는 아이들 형편 또한 무시되었지요. 학교 급식을 찔끔 도입한 직후에는 급식을 먹으려면 돈을 내야 했고, 일부 형편이 어려운 학생만 골라서 급식비를 지원했습니다. 그랬더니 '누구는 돈 안 내고 밥 먹는다'고 흉보고 깔보는 일이 생겼지요.

무상 급식을 둘러싸고 '누구나 마음 편히 건강한 밥을 먹을 수 있는 것이 보편적인 교육권의 일부다'라는 주장과 '부자 아이에게까지 공짜 밥을 주는 것은 세금 낭비이니 가난한 아이들에게만 주자'는 주장이 팽팽히 대립했습니다. 보편적인 급식이 늘어나자 또 다른 문제가 생겨났는데, 가격을 낮추기 위해 가공식품 등 질 낮은 재료를 쓰는 것이었지요. 이에 지역에서 나는 친환경 농산물을 사용하자는 운동이 일어났어요. 지역 농산물을 구입하면 농민에게도 좋고 학교 구성원들에게도 좋으니까요. '친환경

무상 급식'은 2천여 개가 넘는 시민사회단체들이 연대하여 20여 년 이상 노력하여 이룬 변화랍니다.

　여러분이 급식을 먹을 때마다 이 한 끼 음식에 얼마나 많은 사람의 손길과 관심이 담겼는지를 기억했으면 좋겠습니다. 아울러 사회적 연대의 산물이 우리의 끼니를 구성하고 있다는 사실 또한 기억하면 좋겠어요. 아직도 많은 나라의 아동들이 굶주림으로 고통받고 있습니다. 모든 아동이 무상 급식의 권리를 누리는 세계를 만들기 위한 책임은 지구촌 모든 사람의 연결된 의무랍니다.

갈등을 잘 녹여서 에너지로

우리는 대한민국이라는 공동체의 시민이자 인류 사회의 일원이자 지구 사회의 구성체입니다. 대한민국은 우리가 삶을 살아가는 구체적인 장소이지요. 인류 사회는 국가와 국경을 넘어 상호 연결된 인간들과 국가, 기업 등의 관계들로 이뤄져 있고요. 지구 사회는 인간뿐만 아니라 다양한 동식물, 대기와 바다 등의 만물이 어우러져 있어요.

우리가 살아가는 데는, 이것 중 어느 하나 관계되지 않은 것이 없답니다. 예를 들어, 우리가 한시도 떼놓고 살지 못하는 휴대폰을 생각해 볼까요?

휴대폰에 반드시 들어가야 하는 '콜탄'이라는 희귀 광물을 채굴하기 위해 전 세계가 특정 지역으로 몰려듭니다. 그런데 그곳에는 오랜 세월 살아온 토착민들이 있어요. 자연을 파헤치는 채굴이 심할수록 그 지역의 물과 땅은 오염될 수밖에 없습니다. 하지만 개발도상국의 독재자들은 생태가 파괴되든 말든 광물을 많이 팔아 치워 자기 주머니를 채우는 데만 관심이 있지요. 심지어 위험한 채굴에 어린이들을 동원하기도 합니다. 그곳에서 오래 살아온 이들의 항의를 힘으로 억누르고 총칼로 위협하여 토착민을 쫓아냅니다.

외국에서 온 기업들 역시 광물을 파내 가서 비싼 휴대폰을 만드는 데만 관심이 있지, 토착민의 인권에는 별 신경을 쓰지 않습니다. 그리고 어떻게 되나요? 그 기업들은 여러분이 열광하는 신상 휴대폰을 아주 세련된 디자인으로 만들어서 돈을 법니다. 그런데 정작 휴대폰을 만드는 공장은 자기 나라에 짓지 않지요. 임금을 아주 낮게 줘도 되는 지역에 짓고는 노동자들에게 장시간 저임금 노동을 시켜서 휴대폰을 만듭니다. 휴대폰 디자인과 화려한 광고를 제작하는 일 정도만 자기 나라에서 하지요. 생태 파괴로 살 수 없게 된 사람들은 원치 않게 다른 곳으로 이동해야 합니다.

인간의 이주는 인류 역사상 늘 있던 일이지만, 인권 억압, 생태 파괴, 생존의 위협 등으로 그 이동이 최고조에 달한 것은 최근의 일입니다.

그런데 이주민들이 가려고 하는 사회에서도 삶은 쉽지 않지요. 그곳 역시 일자리와 주거가 부족하고 경쟁이 치열합니다. 한국을 비롯하여 많은 나라에서 젊은 사람들이 더 이상 아이를 낳지 않고 노인 인구는 계속해서 늘어 가고 있어요. 이걸 다르게 얘기하면, 일할 사람이 부족해지고, 일할 사람이 없으면 뭘 만들어 팔려 해도 살 사람이 없어진다는 말이기도 합니다. 이주민들은 이런 사회에서 여러모로 활력을 제공합니다.

가령 한국의 농촌을 생각해 볼까요? 젊은 사람들은 도시로 빠져나가고 노인들만 남아 있는 농촌 마을엔 이미 농사지을 사람이 없습니다. 슈퍼마켓이나 음식점도 이용할 사람들이 있어야 활기를 띨 텐데 노인들만 있는 마을에서는 운영이 쉽지 않지요. 하지만 이주 노동자들이나 국제결혼을 한 이주민들이 농촌에 들어오면 농사일로 먹거리를 생산할 뿐 아니라 동네 가게에도 활력을 불어넣습니다.

하지만 이런 사실을 애써 무시하려는 사람들도 있습니다. 외국에서 온 사람들은 범죄를 일으킬 우려가 크다, 우리에게도 부족한 일자리를 빼앗아 간다, 우리 문화를 해치니까 위험하다 등등의 이유를 들어서요. 하지만 범죄를 저지르는 사람이 따로 정해져 있나요? 범죄 예방은 이주민을 배척하는 것이 아니라 범죄의 요인이 되는 빈곤, 혐오 등을 줄임으로써 가능해집니다.

살기 힘들수록 서로 기대어 돕고 사는 것이 연대의 가치입니다. 이주민들은 한국인들이 하기 싫어하는 어렵고 힘든 일을 주로 도맡아 한국 사회에 기여하고 있습니다. 문화라는 것은 고정된 것이 아니라 계속해서 변화하고 새롭게 형성되는 것이에요. 한국인도 세계 곳곳에서 이주민으로 살아가고 있으니까요. 하지만 어떤 문제에 관한 의견 차이는 많은 갈등을 빚기도 합니다.

갈등은 인간 사회에서 필연적으로 있는 일이에요. 다만, 그 갈등을 어떤 식으로 풀어 가느냐가 여러 사회 간 차이를 만들지요. 우격다짐이나 힘의 논리로 푸는 것이 아니라 인권과 민주주의의 원칙으로 풀어 가는 사회, 이런 사회를 "갈등을 꾸준히 섭취하는 시민들이 광합성하는 사회"로 표현할 수 있어요. 식물들이 햇빛을 받아 살아갈 양분을 만들어 내고 이산화탄소를 산소로 바꾸듯이, 민주 사회의 주인들은 갈등을 잘 녹여서 새로운 관계의 에너지로 바꿀 수 있어요. 이때 잊지 말아야 할 인권의 원칙은 모든 사람의 평등입니다. '내가 힘이 더 세니까(권력을 많이 가졌으니까) 내 말대로 해야 해'라면서 자신의 주장만 고집하는 것은 갈등을 다루는 나쁜 방법입니다.

그뿐만 아니라 오늘날의 세계에서 시민권은 한 나라의 국경 안에 머무는 것이 아니라 '운명 공동체를 공유하는 모든 사람'을 아우른답니다.

운명 공동체라는 것은 내가 선택하지 않았어도 같이 살아갈 수밖에 없는 사람들입니다. 우리가 지하철이나 버스를 탈 때 내가 선택한 사람들로만 승객이 구성됐을 거라는 기대를 하지는 않잖아요? 학교나 회사에 가고, 어딘가로 이동하려면 버스나 지하철에서 서로를 맞닥뜨리지 않을 수 없습니다. 맘에 안 드는 사람이나 행동을 마주하게 될 수 있지요. 이때, 서로의 차이를 마주하고 상대하고 다루는 것, 그것이 '갈등의 꾸준한 섭취'입니다.

우리는 먼저 합의를 해 놓고 출발한 게 아닙니다. 갈등을 통해 잠정적인 합의에 다다르는 것이지요. 인간 사회는 갈등하고 합의하는 과정의 연속입니다.

완벽하게 합의한 사안에 대해서만, 완벽하게 동질적인 사람들끼리만 하는 게 연대가 아니랍니다. 갈등하는 사람들 사이에서 합의를 도출하기 위해, 서로 이질적인 사람들 사이에서 추구하는 것이 연대입니다.

양자택일에서 벗어나는 상상력

세계에서 가장 가난한 나라 중 하나인 아이티에서 있었던 일입니다. 전직 대통령인 장베르트랑 아리스티드는 대통령직에서 물러난 후 가난한 아동들을 돌보는 일을 했습니다. 그 일을 하면서 겪은 일화를 소개해 볼게요.

아리스티드는 주말이면 이웃의 어린아이들을 자기 집에 초대해 함께 시간을 보내곤 했어요. 어느 날 엄마 아빠가 없는 네 살짜리 여자아이 플로랑스가 찾아와 놀고 있었습니다. 수영장에 한 번도 가 본 적이 없는 플로랑스가 수영 갈 채비를 하고 있기에 아리스티드는 어디에서 수영할 거냐고 물었습니다. 플로랑스는 "커다란 양동이에서요"라고 답했지요. 아리스티드는 그 수영장이 큰지 작은지 물었습니다. 그랬더니 플로랑스의 대답은 이랬답니다.

"아주 아름다워요."

또 하루는 놀고 있던 아이들에게 콜라를 가져다주면서, 아리스티드는 "이건 술이니까 마시면 안 된다"고 장난을 쳤어요. 그러자 플로랑스는 그건 콜라라고 말했지요. 아리스티드는 "너는 콜라가 좋으니 술이 좋으니?"라고 물었습니다. 플로랑스는 이렇게 답했습니다.

"난 주스가 더 좋아요."

어린 소녀 플로랑스의 답은 제시된 두 가지 선택 중에 하나를 고르는 식이 아니었어요. 플로랑스는 제3의 것을 만들어 냈습니다. 크냐 작으냐는 질문에 '아름답다'라는 답을, '콜라냐 술이냐'는 질문에 '주스'라는 답을 함으로써 말이지요.

연대는 양자택일에 갇혀서는 상상하기 어렵습니다. 우리가 이기느냐 저들이 이기느냐 식의 양자 대결, 이거냐 저거냐 식의 양자택일 속에서는 갈등만 계속될 뿐 서로를 위한 결정을 내릴 수 없습니다.

물론 플로랑스처럼 제3의 답을 내놓는다고 당장 문제가 해결되는 건 아니에요. 하지만 양자택일을 벗어나서 누군가 제3의 대안을 상상해서 제안한다면 다른 가능성이 생길 수 있습니다. '아, 그거 좋다. 왜 그런 걸 생각하지 못했지?', '우리 한번 제3의 대안을 위해 힘을 합쳐 봅시다' 이런 식으로 협력하면서 서로에게 도움이 되는 방향의 일을 추진해 볼 수 있을 거예요. 그런 과정에서 사람들은 양자 대결, 양자 선택이 아닌 다른 방식으로 서로를 대하는 법을 익힐 수 있습니다. 이런 과정이 연대랍니다.

줄넘기를 잘하는 소녀가 있었어요. 세월이 흘러 소녀는 줄넘기의 전설로 남았어요.

어느 날 마을에 새 영주가 왔어요.

그는 포악한 욕심쟁이였어요.

뭐 줄넘기를 얼마나 이어서 하겠어.

좋아. 그렇게 해.

씨익

줄넘기가 시작됐어요.

모두 나와서 줄넘기를 했지요. 하지만 다들 오래 버티지 못했어요.

하지만 이제는 줄넘기가 끝났다고 생각하고 영주가 쾌재를 부르려는 순간마다 아슬아슬 줄넘기가 이어졌어요.

뭐야! 끝난 줄 알았는데.

또 다시 하고 있어?!

그러다 전설로만 전해지던 줄넘기 소녀가 백아홉 살 할머니가 되어 나타났지요.

짠

독한 할망구 같으니라고.

할머니의 줄넘기는 멈추지 않았고 결국 영주는 마을에 공장 짓는 걸 포기했어요.

《줄넘기 요정》(엘리너 파전 지음, 김서정 옮김, 문학과지성사, 2010)을 참고하여 구성

연대할 권리

　연대는 똑똑하고 힘 있는 사람들만 하는 것이 아니에요. 영웅들이 연대하는 것이 아니라는 얘기지요. 앞에 소개한 이야기에서 줄넘기를 이어서 계속하는 마을 사람들처럼 연대는 약한 이들이 만들어 내는 큰 변화입니다. 약한 사람들은 사회의 어느 부분이 약한 고리인지를 드러내지요. 그럼으로써 새로운 법과 제도를 만들 동기를 부여하고, 틈새를 발견하고 메움으로써 권리를 보장하는 장치를 강화할 수 있습니다. 아동이나 청소년을 비롯한 인간이 가진 취약성은 새로운 연대의 가능성을 만들어 냅니다. 저마다의 차이와 취약성을 더 세심하게 포용하고 배려하는 사회는 '난 괜찮은데'라고 하는 사람들이 아니라 '괜찮지 않은' 사람들이 문제를 지적하고 고칠 것을 요구하면서 시작됩니다. 연대는 이어서 하는 줄넘기와 비슷해요. 어느 시대에든 열심히 줄넘기를 한 사람들이 있었고 그 줄넘기가 그치지 않도록 꼬리를 물고 계속한 사람들이 인권의 침해를 막아 내고 권리의 터전을 지켜 왔답니다.

　인간의 역사는 연대의 기록이라고도 할 수 있습니다. 지금 아쉽고 힘든 구석은 우리 사회의 연대가 부족한 탓입니다. 반면에 조금이라도 우리 삶을 풍요롭게 만들어 주는 무언가가 있다면,

그것은 누군가의 연대로 만들어진 것입니다. 공공 교통, 편의 시설, 보편적 선거제도, 공공 교육, 건강보험, 공공 의료, 공공 도서관, 서로를 존중하는 문화 등 어느 것 하나도 연대가 깃들지 않은 것이 없지요. 우리 주변에서 그런 연대의 흔적과 증거를 더 찾아볼까요?

2019년 3월, 전 세계 청소년들이 '미래를 위한 금요일(FFF, Fridays For Future)'과 함께 결석 시위를 시작했습니다. 한국에서도 '청소년기후행동'이라는 단체가 FFF의 공식 파트너로 활약하고 있지요. 2020년 3월에는 아시아 최초로 정부와 국회를 상대로 한 기후 헌법 소원을 청구하기도 했답니다.

'청소년기후행동'의 한 청소년 활동가는 이런 말을 했어요.

"2050년, 엄마 나이가 된 나를 상상해 봐요. 노인이 된 엄마를 나는 지킬 수 있을까? 나는 차마 답을 할 수가 없어요. 폭염으로 무너져 내리는 사람이 내가 되거나 내 가족이 될 수 있다는 것은 내 마음을 무너져 내리게 했어요. 기다릴 수가 없었어요. 그래서 정책 변화를 요구하는 기후행동에 나서게 됐어요."

기후행동에 나선 청소년들이 하는 활동을 뒷받침하는 국제 인권 기준이 있습니다. 바로 '연대에 대한 권리'이지요. 이에 따르면, 청소년들은 인권에 따른 권리를 행사하고 있는 것이기도 하답니다.

세계인권선언 제28조는 '인권이 전면적으로 실현될 수 있는 사회적·국제적 질서를 보유할 권리'가 모든 사람에게 있다고 말합니다. 이에 기초해 유엔은 '국제 연대의 권리에 관한 선언문(2017)'을 제안했습니다. '모든 사람이 자기 영토 안에서나 밖에서나, 국경을 넘어 보장받아야 할 것이 인권'이며, '국제 연대'를 강조하는 것은 기후 위기처럼 인류가 당면한 문제들 또한 국경과 무관하게 '지구적으로 도전받고 있는 문제'이기 때문이지요.

세계인권선언을 토대로 국제 인권 체제가 '연대에 대한 권리'를 말하는 것의 의미는 무엇일까요? 연대는 권리이기에, 좋으면 하고 싫으면 마는 그런 것이 아닙니다. 이기적인 이해관계나 이익에 따라 변덕을 부릴 수 있는 것도 아니지요.

연대권은 인권과 연대가 서로를 떠받치는 관계라는 걸 말해 줍니다. 각 사람이 인권을 누리려면, 인권을 보장해 주는 공동체가 필요하지요. 공동체는 다양할 수 있습니다. 가족, 학교, 지역 사회, 국가, 나아가 지구 전체가 공동체일 수 있답니다. 우리들 한 사람 한 사람은 개인인 동시에 다양한 공동체의 구성원으로 살아갑니다.

그런데 각 사람의 인권을 존중하지 않는 공동체(조직, 모임)도 있지요. 가령 조직 폭력배나 인터넷에서 사이버 괴롭힘을 일삼는 집단이 있습니다. 어떤 나라는 다른 나라를 공격하고 착취합니다. 어떤 지역은 타 지역을 무시하고 경멸합니다. 이런 집단은 그 내부에 속한 사람들끼리 아무리 똘똘 뭉친다고 해도 각 사람의 인격과 존엄성을 존중하지 않습니다. 인권은 그런 공동체에 의해서는 보장될 수 없습니다. 타자의 인권을 해치는 공동체는 '연대할 권리'를 침해하니까요.

인권은 공동체에 속하기만 한다고 보장되는 게 아니라, '연대할 권리'를 존중하는 공동체를 통해서만 보장될 수 있어요. 우리들 한 사람 한 사람을 동등한 인격으로 존중하는 사람들의 공간이 사회이고 공동체입니다. 인권은 개인의 자유와 평등을 보장하기 위해 연대할 권리를 실현하는 공동체를 필요로 해요. 그런 공동체는 저절로 운 좋게 생기는 것이 아니라 구성원 사이의 상호 존중과 연대 속에서 만들어진답니다. '청소년기후행동'의 청소년들이 기후 위기를 막기 위해 공동 행동을 펼치면서 국내뿐 아니라 전 세계 청소년들과 손을 맞잡는 것처럼 말이에요.

기후 재난은 무서운 규모로 나타날 것이라고 과학은 말하고 있어요!

이 사실을 알면서도 정부는 무책임하게 방관하고 있습니다!

국가가 우리의 생존권, 평등권, 인권, 자유 등 기본권을 침해하고 있습니다!

실질적인 대응으로 우리의 권리를 보장해야 합니다!

2020년 3월 24일에
헌법재판소로부터 원고 자격과
소송의 심사 자격을 인정받아
본격적으로 심사가 시작되었습니다.

하지만 정부와 국회에서는 헌법 소원에
응답하지 않았습니다.

2022년 2월 16일. 우리, 청소년 원고 19명은 다시 헌법재판소 앞에 섰습니다.
기후 위기는 인권의 위기이며, 우리의 생존과 직결되어 있습니다.

우리는 당연한 권리를 지키기 위해 이 싸움을 이어 가고 있습니다.
함께 싸워 주세요!

<청소년기후행동> 웹사이트를 참고하여 구성
https://youth4climateaction.org

비정규직 노동자들의 쉼터
'꿀잠'이라는 곳이 있습니다.

법률 상담을
받으러 왔어요.

북콘서트도
한다던데!

비정규노동자쉼터

꿀잠

이곳은 2년의 준비 기간 동안 2000여 명의 후원자들에게 도움을 받고
100여 일 동안 자원봉사자들이 내부 수리를 해서 문을 열었어요.

지방에서 와도
쉴 데가 생겼네.

모여서 회의할
수 있는 공간!

해마다 4000명 이상의 노동자와 활동가가 이용하고 있는 곳입니다.

먹거리
준비!

치과가
필요할듯!

지치고 아픈
사람들을 위한
한방 치료 어때요?

2018년 12월, 태안 화력발전소에서
하청 노동자로 일하다 사망한
김용균의 어머니도 회사를
상대로 긴 싸움을 할 때
머무셨고요.

같이 맞서요!

2019년 12월부터는 경마장의 열악한 노동 조건과 갑질 구조를
알리며 자살한 경마 기수 문중원 씨의 가족이 긴 시간
꿀잠에 머물며 '부산경마공원 사망 사고 재발 방지를 위한
합의서'를 만들어 냈다고 해요.

다같이
준비했으니
잘될 겁니다.

회사 측과
합의될 거예요.

억울한 일을 당하고 싸우는 사람들을 따뜻이 맞아 주고 함께해 준 이 집이
재개발로 사라질 위기에 처했는데, 많은 사람이 구청 앞에서
릴레이 일인 시위를 했어요.
줄넘기를 멈추지 않던 마을 사람들처럼요.

시민사회 연대의 땀방울 모아 지은 집
'꿀잠'을 지켜 주세요

그 결과, 구청과 시의 중재로 '존치에 준하는 이전'
계획이 나왔습니다. 꿀잠을 지금 자리 그대로
존치는 못 하지만, 부지가 확정되었고, 세부적인
내용을 협의해 나가기로 했어요.

존치에
준하는
이전!

'꿀잠'이 더 오랫동안 많은 노동자들과
함께하는 공간으로 계속되길 응원합니다.

존엄, 자유, 평등, 연대로 만나는 인권 교과서

2022년 10월 17일 처음 찍음 | 2023년 5월 10일 두 번 찍음

지은이 류은숙 | **그린이** 김소희 | **기획** 국가인권위원회

펴낸곳 도서출판 낮은산 | **펴낸이** 정광호 | **편집** 강설애 | **디자인** 하늘 · 민 | **제작** 정호영

출판 등록 2000년 7월 19일 제10-2015호 | **주소** 04048 서울시 마포구 어울마당로5길 16 반석빌딩 3층

전화 02-335-7365(편집), 02-335-7362(영업) | **팩스** 02-335-7380

홈페이지 www.littlemt.com | **이메일** littlemt2001ch@gmail.com

제판 · 인쇄 · 제본 상지사 P&B

ⓒ 류은숙, 김소희 2022

ISBN 979-11-5525-157-7 43300